# La anarquía explicada a mi hija

Título:
*La anarquia explicada a mi hija*
Autoría: Pippo Gurrieri

Título original: *L'anarchia spiegata a mia figlia*. Italia. Bfs edizioni (2018).

1a edición castellana: noviembre del 2016, Barcelona. Coedición a cargo de
Descontrol Editorial y el colectivo en Madrid otra Italia.
2a edición castellana: enero del 2026, Barcelona.
Colección *Desbordant Lletres*
Descontrol Editorial
C/Constitució 19, Can Batlló, nau 80, 08014 Barcelona
www.descontrol.cat  Tel. 93 4223787

ISBN: 979-13-87791-08-7
Depósito legal: B 23903-2025

**Edición:** Descontrol Editorial | editorial@descontrol.cat
**Traducción:** Beatrice Ferrari Steffani, Elisabeth Donatello,  Hélène Sonet
Mancho, Riccardo Micco (colectivo en Madrid otra Italia).
**Corrección:** Descontrol Editorial.
**Maquetación y diseño:** Descontrol Editorial.
**Ilustraciones de portada:** Descontrol Editorial.
**Impreso en:** Descontrol Imprenta | impremta@descontrol.cat
**Distribución:** Descontrol Distribució | distribucio@descontrol.cat

------------------------------------------------------------

# La anarquía explicada a mi hija

Pippo Gurrieri

EDITORIAL

DESCONTROL

El Colectivo en Madrid otra Italia quiere agradecerles a todos y a todas aquellos y aquellas, que han hecho posible que llegásemos a realizar nuestra utopía de publicar un libro.

A Pippo Gurrieri, a la editorial BFS edizioni, con Furio y Franco al timón, por dejarnos publicar desinteresadamente su panfleto en tierra ibérica.

A Descontrol editorial, a Pablo, Sergi, Ibai, a los seres que le dan vida y alma, por habernos apoyado en este proyecto, queriendo compartir el camino, creyendo en nosotras.

A Hélène por estar siempre cuando la necesitábamos con su sentir en estilo de mujer.

A Eli, Bea y Ric porqué seguimos caminando confluyendo juntas hacia la utopía.

A las niñas de Bea, a la hija de Pippo, a todas y a todos, juventud del mundo, que pueden seguir las huellas para hacer de esa utopía cada día una realidad más cercana.

Gracias por apoyar nuestro proyecto.

Madrid, 11 de octubre de 2016

# I

# Tarde

—Hola papá.
—Hola ¿qué escuchas?

—Algo muy fuerte.
—¿Cómo de fuerte?

—Música punk, es un CD que me ha prestado un amigo.
—¿Son italianos?

—No, es un grupo inglés... punk anarquista.
—Ah...

—Tienen textos muy intensos, su música me gusta mucho.
Pero hay un problema.
—¿De qué tipo?

—Un amigo mío sale con unos chicos que se definen
como anarquistas, escuchan este tipo de música y me gustaría salir con ellos.
—Y ¿cuál es el problema?

—Que yo sobre los anarquistas tengo ideas muy confusas...

—Siempre puedes informarte y documentarte.

—¿No podríamos mejor hablarlo un ratito los dos?

—Vale, pero antes déjame comprender por qué crees que tus ideas sobre los anarquistas son confusas...

—Bueno, se habla de ellos como si fueran peligrosos y violentos. De vez en cuando en la tele se oyen noticias de atentados y dicen que han sido llevados a cabo por anarquistas... Otros los consideran poetas, soñadores, gente que vive con la cabeza en las nubes. Bueno, según visten ciertos chicos, con el símbolo de la A en la ropa, he pensado que un anarquista podría ser el que rechaza toda convención, el que quiere ser libre de hacer lo que quiera, libre de vivir sin limitaciones. Luego he oído a alguien que los define como personas coherentes hasta el extremo con tal de sustentar su causa.

—Y quisieras comprender quién tiene razón, quiénes pueden ser en realidad esos anarquistas quiméricos y qué es la anarquía que defienden...

—Me has leído en el pensamiento.

—Antes de narrar sus gestas, puede que convenga hablar de la idea que los mueve. Quiero darte mi opinión sobre el porqué de que existan varias maneras de definir a los anarquistas... y que converjan en crear una imagen negativa que puede despistar; en resumen, la de que o son unos violentos sin causa o unos inadaptados sociales.

—¿Quieres decir que alguien intenta esconder el verdadero significado de la palabras anarquista y anarquismo?

—Justo. Piensa un poco. Para los que están arriba en esta sociedad y tienen privilegios que defender, los anarquistas representan una amenaza, mientras que para el de abajo –que tendría muchas cosas que reivindicar para mejorar su propia condición– éstos son una conciencia crítica peligrosa.

—Pues tienen razón, desde su punto de vista, en definirles como peligrosos ¡y hasta terroristas!

—¡Claro! Ya que las imágenes que se ofrecen generalmente del anarquista, en los libros, en la prensa, en la televisión y en las películas que hablan de ellos son –con raras excepciones– siempre imágenes deformadoras. Y a un nivel general se ha difundido una información equivocada sobre la idea, orientada a desactivar todo su potencial de cambio y de subversión. «La anarquía es el caos» dicen muchos y en consecuencia los anarquistas son peligrosos. Al defender la abolición de cualquier privilegio, la puesta en común de los medios de producción, la distribución igualitaria de los bienes, los sujetos en cuestión pueden activar perturbaciones sociales que pondrían en crisis o subvertirían la sociedad actual, pueden inducir a la gente a reflexionar sobre su condición, empujarla a la revuelta para mejorar la misma... Pero no son terroristas. El uso de este término ha sido diseñado por el poder para levantar alrededor de los anarquistas una cortina de desconfianza y de miedo, para mantenerlos aislados. Los pocos casos de gestos llamativos de los anarquistas, como los atentados a menudo logrados contra el rey, algún tirano u opresor, y en contra de las instituciones y símbolos del poder, en realidad siempre han cosechado simpatías entre las clases populares, justo lo contrario de lo que podría provocar un gesto de violencia, cuyo fin es aterrorizar a las masas. Terrorista es el que dispara a la multitud, el que golpea de manera indiscriminada; mientras que los anarquistas, en particular los que tienen sistemas de lucha más radicales, siempre han elegido con cuidado sus objetivos y han llevado a cabo acciones, a menudo simbólicas, consideradas verdaderos actos de propaganda de sus ideas, salvo en algún caso raro, repito. A pesar de lo cual es fácil oír hablar de ellos como individuos a los que es mejor no acercarse.

—¡Les tendrán mucho miedo!

—Digamos que esto forma parte de un cierto derecho de autodefensa. Verás, pequeña, en general en la lucha política los partidos combaten entre sí y da la impresión de que entre algunos, en determinados momentos, las posiciones son irreconciliables; lo mismo pasa dentro de las instituciones, entidades, organismos: que parecen siempre al borde del conflicto, de la ruptura más total. Estas contraposiciones no son nunca serias ni causan fracturas irreparables, es más, a menudo ni son auténticas y ¿sabes por qué?, porque todos comparten las mismas reglas del juego. Todos son parte integrante de los mecanismos políticos, económicos y sociales que simulan rechazar con sus palabras. Todos comparten la estructura general del aparato del Estado y si discuten es solo porque están compitiendo por la conquista de puestos privilegiados. Pero hay un movimiento que mantiene una posición de rechazo radical hacia estas reglas y este aparato, que se opone a él, declarando abiertamente que no le inspira ningún poder, que no desea cambiar partes del mismo o modificar sus formas, sino, exclusivamente, abatirlas. En su larga historia los anarquistas han personificando un doble rol: el de destructores de la sociedad actual autoritaria y opresiva —entonces son considerados violentos— y el de edificadores de un mundo nuevo —y son definidos como soñadores empedernidos.

—¿Así que los individuos anarquistas no son peligrosos?

—¡No, no son individuos nacidos con una tara en el cerebro! Son sólo personas que se han hecho una idea precisa sobre la estructura y la organización de la sociedad en la que viven, y se afanan en encontrar metodologías para afirmar sus ideas basadas en la hermandad, la igualdad y la libertad. De ahí su desinterés por el sistema de los partidos, por el sistema económico vigente, por instituciones autoritarias como el gobierno y el Estado y una actitud que los hace libres de todo condicionamiento. Una actitud que no tiene como consecuencia la pasividad y la delegación que, al contrario, se transforma en una lucha directa, practicada en primera persona, para edificar una sociedad donde no haya ningún tipo de gobierno.

—¿Por qué piensan que no puede haber gobiernos justos que ayuden a los pobres y que aseguren el bienestar para toda la población?

—Todo gobierno emana de una clase privilegiada; los políticos están a su servicio, a menudo pertenecen a un mundo privilegiado. Estos personajes defienden sus intereses, los de su clase, y esto no puede sino ir en detrimento de todos los demás, de las llamadas clases inferiores. Incluso si, como ha pasado, un gobierno hiciera leyes para aliviar la pobreza, serían de todos modos el resultado de un razonamiento cocinado en los salones de la burguesía, inducido por la intención de sacar algo a cambio en términos de paz social: la atenuación de las tensiones y el malestar imperante, o el aumento de la capacidad adquisitiva de las clases populares, con el fin de dar un impulso al sistema productivo y ampliar sus beneficios; todo lo que luego está en la base de nuestra sociedad de consumo. Ningún gobierno y ningún gobernante puede tener interés en dañar a las clases ricas; los únicos que pueden tener tal interés son los que son explotados por los ricos, para los que cambiar el sistema, abolir el gobierno, puede representar el principio de una vida mejor.

—¿Tampoco podría un gobierno de anarquistas?

—Ya no serían anarquistas, dejarían de serlo en el momento en que aceptasen sentarse en el gobierno. Y todos sus propósitos, todas sus buenas intenciones, se apagarían en el momento en el que procedieran así; el gobierno es una máquina que funciona de manera parasitaria sobre la sociedad; los privilegios que la posición de gobierno asigna a sus representantes institucionales les distancian de sus ideas iniciales. Si por el contrario pretendieran perseguirlas por encima de todo, entonces intervendrían aquellas fuerzas que sustentan la acción de un gobierno: los militares, los banqueros, los industriales... Y lo impedirían por las buenas o por las malas. A los gobernantes no les quedarían más que dos alternativas: admitir el fracaso de sus pretensiones, volverse realistas, y actuar como han hecho todos sus predecesores —tal vez añadiendo alguna intervención caritativa que no pueda mellar los privilegios consolidados–, o simplemente renunciar a la empresa y volverse a casa, con la conciencia de la imposibilidad de mejorar la sociedad de manera sustancial a través de la conquista del gobierno.

—Espera un segundo, estamos tocando unos puntos bastante delicados... Como están en contra de todo, los anarquistas tienen todo en contra. Pero me gustaría comprender el sentido de su estar en contra de todo. ¿Por qué tendrían que tener razón justo ellos, una minúscula minoría, frente a los demás que representan la mayoría?

—¡Tú tampoco haces unas preguntas fáciles! Vamos pasito a pasito, la anarquía es el gran sueño de libertad que ha movido a los seres humanos a querer lo mejor para ellos mismos y lo que los rodea. Una especie de llama que arde, un sentimiento instintivo que te hace intolerante a cualquier regla coercitiva. El ser humano siempre ha buscado en su propia vida la manera de vivir lo más libremente posible y éste ha sido el verdadero motor de la historia, lo que ha animado a hombres y mujeres, a los movimientos sociales, científicos y artísticos que han dado carácter al progreso de la humanidad, desde la prehistoria hasta nuestros días.

—Pero la libertad no es la anarquía...

—La anarquía no es otra cosa que una sociedad organizada sobre la base de la libertad. Es la conciencia de que los seres humanos pueden vivir en libertad a través de la definición de un sistema de relaciones sociales antiautoritarias, en las cuales el desarrollo de las actividades humanas, desde las más simples hasta las más complejas, se lleve a cabo de manera que cada cual, en el seno de asambleas libres, tenga la posibilidad de perseguir su felicidad, sin sufrir el abuso de otros. Consiste en la extensión de las oportunidades para todos, la máxima descentralización, el fin de los privilegios... Sus detractores hablan de caos porque consideran imposible vivir sin las reglas dictadas por una organización social jerárquica, pero la anarquía no es otra cosa que la *libertad organizada*, una búsqueda permanente de la armonía entre responsabilidad y libertad, entre individuo y sociedad.

—¿No te parece una idea un tanto utópica?

—Y tanto, pero la historia de la humanidad no es otra cosa que el intento de realizar la utopía. Y ésta no es una ilusión, más bien se trata de un sueño que todavía no se ha realizado, pero que no es irrealizable. ¿Tú piensas que puede existir una cosa como la vida sin un sueño que perseguir? ¿Cómo puede un individuo vivir sin proyectos hacia los cuales mirar, aunque parezcan imposibles? ¿Cómo crees que se consideraría a Leonardo da Vinci cuando estudiaba las hipotéticas aplicaciones para el ser humano de las leyes del vuelo?

—Como a un loco, o un soñador.

—Eso es. Sin embargo es gracias a sus estudios y a sus intuiciones, a su búsqueda de lo imposible, que lentamente los humanos han logrado encontrar la manera de volar. Y de hacer muchas cosas más. Sólo el que no renuncia a soñar posee la certidumbre de seguir adelante de algún modo. Quien se para se resigna a una vida limitada, normal y banal. Soñar no quiere decir siempre alejarse de la realidad, sino que puede significar tener ideas completamente nuevas, ideas-sueños que pueden contribuir a mejorar lo existente. Después de todo, es lo que hacen todos los investigadores, los científicos independientes del poder, o los que quieren experimentar diferentes estilos de vida, nuevas maneras de trabajar, de realizar cosas en el campo del arte, del urbanismo... ¿Y la historia sabes lo que nos enseña?

—¿El qué?

—Que todos los innovadores, todos los curiosos, todos los que han intentado ver más allá de lo que ya se había visto han sido perseguidos por el poder temporal, arrestados, procesados, incluso asesinados, o han acabado amaestrados, renunciando a sus proyectos o poniendo sus inteligencias al servicio de los opresores.

—¿Se les consideraba peligrosos?

—Demostraban lo absurdo de los absolutismos, testimoniaban que otras verdades eran posibles, que otras ideas podían ser llevadas a la práctica. Consecuentemente, que eran posibles y realizables otras formas de vivir en sociedad menos injustas e inocuas, mejor dicho, para nada injustas e inocuas. El poder, que siempre es conservador, que, como decía la anarquista francesa Louise Michel, *está maldito*, los temía porque abrían brechas que podrían llevarlo a su lenta ruina. Hipatia de Alejandría, Galileo Galilei, Giordano Bruno y muchísimos individuos más o menos notables en cualquier rincón del mundo, se han encontrado en un cierto punto con la necesidad de poner en cuestión las verdades impuestas por la Iglesia, por los soberanos, por el Estado... Lo han hecho en nombre de la libre investigación, no de una verdad opuesta y absoluta, sino de la experimentación, del derecho a dudar. Han pagado personalmente por esto, pero si no hubiese habido individuos como ellos, la humanidad no habría dado ni un paso adelante en el campo de las ciencias, de la técnica, del arte, del pensamiento... Han afirmado su libertad, han hecho alarde de ella de manera innegable, sea o no sea de manera completa. Sus conquistas han sido y son puestas en discusión por las fuerzas que defienden *el estado de las cosas*: el sistema de privilegios y domino de unos pocos sobre la multitud.

—Está bien este discurso sobre los sueños, pero me parecería extraño que pudiera nacer en las personas comunes. Puede irle bien a los jóvenes. A nosotros nos transportan los grandes sueños, que luego aprendemos a deshinchar poco a poco y los redimensionamos a medida que entramos en el mundo de los adultos.

—Yo creo que también los adultos cultivamos sueños. Creo que cada uno de nosotros persigue algo, se trate de sueños de amor o de unas ganancias no tan nobles jugando al «rasca y gana» que te cambien la vida. La dimensión utópica no nos abandona totalmente. Ciertamente, acostumbrados a sufrir un determinado tipo de educación, de sufrir el bombardeo mediático con sus mensajes de propaganda, a menudo se nos embauca y condiciona, derivando nuestros sueños hacia metas irreales. Esto te viene a mostrar que, todavía hoy, el poder es consciente de la peligrosidad de los sueños, sobre todo cuando un sueño puede convertirse en el sueño de muchos. Una especie de refrán anarquista dice: «*cuando uno sueña solo, su sueño no es más que un sueño, cuando son muchos los que sueñan, empieza la realidad*». Dicho en otros términos, desde la aspiración individual hay que pasar a la colectiva, a la conciencia de que las ideas cultivadas deberían tener alguna posibilidad de afirmarse en la realidad. Algo posible sólo con la implicación colectiva.

—¿Entonces soñar es casi siempre profesar ideas anárquicas?

—No, claro que no, sin embargo significa mantener vivo un grado alto de espontaneidad y libertad interior, que luego es la base de cualquier paso a un nivel superior, cuando el sueño se mide con la realidad y empieza el baile entre la innovación y la conservación. La sociedad autoritaria regulada por el Estado es bien consciente de esto, cuando no puede apagar los sueños, trabaja en la deformación de sus significados. Mira ese dicho común que reza: «¿¡Quién no ha sido anarquista a los veinte años!?». En Francia esto mismo se traduce así: «A los veinte años anarquista, a los treinta socialista, a los cuarenta conservador». Según los que alimentan este tipo de «gracia» el ideal anarquista no sería otra cosa que una especie de enfermedad juvenil, un acné de la utopía que se coge a cierta edad y que luego desaparece al crecer. La intención es siempre la de desactivar una idea, quitándole lo que más la caracteriza: el sueño de los sueños, el fuerte deseo de combate social, la instauración de una sociedad sin Estado. No se trata de si los anarquistas son o no veinteañeros, soñadores empedernidos. Son hombres y mujeres de todas las edades, implicados por igual en el mismo sueño, el cual intentan propagar con modalidades, metodologías y medios diferentes. Según la índole de cada cual y las condiciones en las que se encuentran y actúan, están quienes movilizan a los trabajadores y quienes tienen un estilo de vida alternativo, quien opta por la educación y quien por la acción directa en contra de las instituciones, quien tiene un acercamiento individualista y quien opta por un acercamiento mas organizativo, quien se implica en el ámbito de las artes y el que lo hace con la libre experimentación.

—Hay muchos chicos que se definen como anarquistas, pero sólo hacen música; ¿en tu opinión también la música puede ser un medio para distinguirse y combatir el poder?

—Las expresiones artísticas son la manifestación de la creatividad del individuo. Quien se dedica al arte no puede evitar proyectarse en una perspectiva libertaria, o sea, un camino que no conoce obstáculos, reglas, condicionamientos. Esto, como tú dices, le hace, objetivamente, distinguirse del poder. La música es un vehículo de socialización y liberación de los cuerpos. Hoy asume también un valor de contestación, precisamente porque es una llama ardiente dentro del individuo, una conexión con su naturaleza, su esencia de ser libre. La realidad, por otro lado, nos muestra cómo el poder, desde siempre, ha luchado en contra de los artistas, tanto reprimiéndoles como comprándoles, transformándoles en perritos adiestrados, pintores y cantantes de la corte que tejen alabanzas para los dominadores. En el espacio intermedio están todos los reacios que declaran *no tomar partido*, pero que son útiles al sistema al distraer o incluso al adormecer las mentes de los oprimidos. Así que hay que estar alerta, porque el arte si no es libre puede transformarse en su opuesto, en un medio para silenciar los espíritus rebeldes y para enjaular su creatividad poniéndola al servicio del sistema; por esto un verdadero artista (no voy a entrar a valorar lo que hace y cómo lo hace) siempre tiene que permanecer fuera de las habitaciones de los poderosos.

—Entonces, al final podría haber un anarquista en cada uno de nosotros. A nivel inconsciente todos podríamos ser anarquistas.

—¡Sobre eso no cabe la menor duda!

—Pero ¿qué me dices del egoísmo? ¿no es más fácil que la persona piense en sí misma y pase de los demás?

—El egoísmo es un componente fundamental de la índole humana, representa el apego del individuo a los instintos naturales, la búsqueda de la satisfacción personal, de su ser libre y celoso de su propia independencia. Gracias al egoísmo un sujeto se defiende del exterior que quiere someterlo. La educación autoritaria y los condicionamientos que el individuo sufre desde su nacimiento intentan alterar su «naturaleza salvaje», para hacer de él un ser conformista y obediente, adiestrado por las reglas autoritarias en el respeto hacia las jerarquías. El egoísmo humano, si no es el desarrollo de un sentido de autodefensa frente a estas agresiones, puede transformarse en una actitud corrupta: cuando nos satisfacemos a nosotros mismos en detrimento de los demás. Es la sociedad autoritaria la que deforma las cosas y hace del egoísmo humano un elemento de roce y división. Un entorno diferente acoge todo el bien que el egoísmo contiene y hace de ello la base de toda relación solidaria... Yo estoy bien, estoy contento, estoy satisfecho, en la medida en la cual los demás también están bien, están contentos y satisfechos. Podrá parecerte una paradoja, pero el egoísmo es un pariente cercano del altruismo. Afortunadamente el autoritarismo no alcanzará nunca a borrar del todo el instinto de libertad, el yo primordial de un ser humano.

—¿De veras? Uhmm... ¿Podrías explicarte mejor?

—Mira a los niños y las niñas, los más pequeños, los de pocos meses o años. Todavía son libres, libres de condicionamientos autoritarios, al no estar formados culturalmente o al estarlo sólo parcialmente, no conocen convenciones, miedos, rémoras, omertá[1]; su comportamiento es extremadamente libre y rehúye cualquier tipo de trampa. E incluso, si con los años sus naturalezas se manipulan con técnicas educativas autoritarias, en el individuo adulto que llegarán a ser queda mucho de ese animal libre que era al nacer. Toda la vida conocerán implícitamente su falta de tolerancia hacia las constricciones, hacia la disciplina y la autoridad; a menudo temerán su propio sentir, en el momento en el que sean conscientes de que desahogar libremente sus instintos los expone a riesgos. Por eso todos los seres, en el curso de nuestra vida, somos una especie de campo de batalla entre la libertad que quiere tener salida y el instinto de reprimirla que nos es inculcado desde la más tierna edad. A menudo la llama sucumbe ahogada por instintos inducidos, como la búsqueda del éxito, el arribismo, la escalada social o el miedo a perder lo que se ha

---

1   Palabra del código de comportamiento en ámbito mafioso que implica silencio impuesto, omisiones, mentir en nombre del bien común del clan.

adquirido; o si no por actitudes más profundas e irracionales, características de la psicología humana. Pero cuando logramos ser espontáneos, cuando nos movemos en una esfera serena y libre, somos el ejemplo viviente de esa sociedad no jerárquica que está en potencia, incluso cuando lo hacemos sin ser conscientes.

—¿Pero cómo?

—Pues, son muchas las situaciones en las cuales las personas se portan de manera antiautoritaria sin darse cuenta. ¿Te acuerdas de este verano en la playa, cuando nos invitaron a la barbacoa? Todo lo organizaron nuestros vecinos gracias al boca-oído; se hizo la compra y los gastos se repartieron entre los y las participantes; unos llevaron la barbacoa, otras el carbón, otros más pusieron las mesas; luego estaba quien cortaba el pan, quien preparaba lo que hacía falta para el guateque de después. A la hora de comer, ¿te acuerdas?, cada uno se servía a si mismo; a los niños y niñas más pequeños les ayudaba quien se encontraba más cerca de la comida y de la bebida. Justo al terminar nos pusimos a limpiar la plaza, sin que nadie diera órdenes ni se pusiera a mirar. Luego empezó la música, en un clima de comunidad y alegría. Es una cosa simple, algo que se hace sin pensar en jerarquías o roles predeterminados, sin pedir permiso al ayuntamiento para usar la plaza, o a la SIAE[2] por la música. Una cosa que se llama autogestión y que tiene un aglutinante muy fuerte: la solidaridad.

---

2  NdT: SGAE.

—Sí vale, pero se trata de un hecho aislado.

—¿No crees que si las personas son capaces de gestionar sus cosas en una situación de este tipo, sin conflictos, colaborando, en total ausencia de directrices y roles preestablecidos, también pueden hacer muchas otras cosas en el mundo del trabajo, de la vida comunitaria del barrio o de la ciudad o en la educación escolar? Hechos de este tipo acontecen continuamente en la vida real, no puedes imaginarte cuántos. En determinadas circunstancias históricas (las crisis económicas y financieras, las caídas de regímenes dictatoriales, las guerras civiles, los procesos de descolonización, las fases que siguen a catástrofes naturales como los terremotos), ahí es cuando el pueblo se despierta del sopor y «descubre» la autogestión; retoma las fábricas, los servicios, las escuelas, los campos. La energía finalmente liberada se adueña de la realidad. El método autogestionario puede asumir también un carácter revolucionario, sobre todo cuando nuestros protagonistas se dan cuenta de que efectivamente pueden ser más osados y que son capaces de tomar parte en el gran sueño de la revolución, como aconteció en la España de 1936, autogestionando cada ámbito laboral y de la vida, desde la gran industria a la agricultura, desde los servicios a las más pequeñas actividades comerciales; en los pueblos, en las aldeas y en las ciudades. En tiempos más recientes, aprovechando el momento favorable, hemos podido asistir a la autogestión de las fábricas, como en la Argentina de los primeros años de este siglo, cuando los propietarios huyeron al exterior con el dinero por miedo a las consecuencias de la crisis financiera. En este caso se trata de una metodología de resistencia, que permite a los interesados seguir trabajando incluso en ausencia del viejo patrón, pero

22

sin poner en discusión la autoridad constituida. Ejemplos de este tipo existen en muchas partes del mundo, empezando por Latinoamérica, donde se ha difundido y mucho la práctica de dar vida a experiencias autogestionarias, para conducir determinadas luchas o para cuidar los territorios abandonados por la autoridad central, como en Chiapas, reconstruyendo al tiempo un tejido social, económico y político. La autogestión en la práctica puede tener varias características, puede estar limitada a un ámbito, como por ejemplo la educación escolar, o puede acontecer en el campo económico dando lugar a la emanación de un Estado, como pasó en la ya extinguida Yugoslavia durante la segunda mitad del siglo xx. Ahí los trabajadores se autogestionaban, decidían autónomamente las fases sucesivas, los salarios, los ritmos, aunque dentro de una planificación jerarquizada.

—Se parece un poco a la teoría del libre albedrío que Dios habría concedido a los hombres.

—Bravo, has puesto el ejemplo adecuado. En el caso yugoslavo podríamos sin duda decir que en definitiva los obreros y las obreras autogestionaban la explotación. Pero la autogestión, sólo cuando es parte integrante de un proyecto antijerárquico se vuelve incompatible con el sistema autoritario, capitalista y estatal. Solamente en este caso reproduce en su interior esa incompatibilidad, o sea, favorece la plena autonomía individual al eludir las jerarquías o roles preestablecidos que dan acceso a los privilegios. La libertad de todos los sujetos que son parte del proyecto convive con la responsabilidad individual, con la rotación de los roles, la equitativa distribución del saber y de los bienes de primera necesidad, la abolición de la propiedad privada...

No puede haber propiedad individual de los bienes primarios como las tierras, las materias primas, los instrumentos, las máquinas, porque la comunidad hace uso de estos bienes y, como pertenecen a todos los seres, no son de nadie, son lo prestado por quienes nos precedieron y son el legado de quienes nos seguirán.

Los seres anarquistas propugnan el método autogestionario aplicado a las pequeñas cosas, porque asumen que éstas son vivencias que pueden hacernos madurar hacia una conciencia superior, un proyecto vivo aún más grande que florece desde la experiencia particular. Me gustaría profundizar en este concepto importante, fundamental, volviendo a otro ejemplo bastante concreto y relacionado con la vida cotidiana. Piensa en los chavales que comparten piso y gestionan su vida en común aceptando por rotación cada tipo de tarea doméstica, sobre todo las más molestas como limpiar el baño o fregar los platos, hacer la compra, cocinar y barrer. No hay nada más natural y normal, todo se desarrolla de libre acuerdo y si entre ellos hubiera un chico o una chica con una discapacidad, no por dejar de colaborar al mismo nivel esa persona sería penalizada. Eventualmente, cuando su contribución material a la organización de la casa se viera limitada, ello no impediría que cada esmero, cada atención, fuera dirigida hacia él o ella, sin ninguna discriminación. Aquí tienes el principio de solidaridad, que sustituye cualquier ley artificial y regula las relaciones humanas.

Pero volvamos a nuestro grupo humano de antes, los que se habían puesto a celebrar. Supongamos que decidan, yo que sé, restaurar un viejo cortijo para hacer una acogedora casa para pasar las vacaciones. Cada uno pone a disposición del resto sus propias competencias en la materia, todos participan en los gastos y todos de igual manera se reparten el trabajo sin que se desarrollen posiciones privilegiadas. Y si alguien en comparación con los demás tiene menos posibilidad de contribuir económicamente, tomará igualmente parte en el proyecto sin que sea penalizado por ello. Empiezan los trabajos y ni la autoridad del carpintero (aquí utilizo un término que siempre debería poner los pelos de punta), ni la autoridad del albañil les dan derecho a asumir posiciones jerárquicas, posiciones de mando. En cambio, cuando tal autoridad es reconocida por los demás y es, sólo y exclusivamente, el resultado de su experiencia, como tal representa su validez en una materia. Esto define la contribución que darán al desarrollo de la operación, pero no les concede un retorno material ni privilegios particulares. Si son buenos en lo que hacen su validez quedará confirmada o acrecentada, serán recompensados por ello, pero desde el punto de la compensación final, esta será igual a la de todos: la utilización del lugar que han contribuido a reestructurar para poder pasar las vacaciones.

—En otras palabras, estás intentando decir que el talento de una persona no tiene que ser motivo de gratificaciones económicas... O que la profesionalidad no tiene que ser valorada... ¿No hay que reconocerles ningún mérito especial? ¿Pero actuando de esta manera no se elimina la motivación, el estímulo a hacer las cosas mejor? ¿No existe el riesgo de una apatía general?

—La capacidad profesional de un individuo es el resultado de sus estudios, de su implicación, sobre esto no hay ninguna duda. Pero también es el producto de una sociedad que le ha permitido, con las escuelas, el profesorado, los libros, con los conocimientos que se le han transmitido, ser capaz de hacer determinadas cosas; una sociedad que ha dedicado recursos, energía, tiempo y espacios para su formación. Su implicación sin todo eso no habría sido suficiente para hacer de él/ella aquello en lo que se ha convertido. Y viceversa, los cuidados de la sociedad no hubieran bastado sin sus esfuerzos personales. Sobre los méritos de los que hablas, partimos de un hecho, todo individuo se dedica a algo. Mientras el individuo en este caso se aplica al estudio, muchos otros individuos trabajan produciendo o se implicaban en diversas actividades igualmente importantes. Si él/ella, por dar unos ejemplos, come, se viste, viaja, lee, es porque otras decenas de individuos cultivan los productos que consume, tejen y cosen los trajes que viste, construyen, conducen los vehículos que le transportan, escriben, imprimen, encuadernan los libros con los que estudia... Y sigue. Detrás del mérito de uno está el mérito de todos, éste es el sentido de una comunidad, de una sociedad. Ahora, el hecho que él haya alcanzado cierto grado de profesionalidad y haya entrado en el mundo del trabajo no puede representar una separación de su contexto, sino que es el momento en el que él empieza a restituir parte de lo que ha recibido en los más variados aspectos. Créeme, es delicado afirmar que el pastor que cuida sus ovejas para obtener leche y lana desarrolla una profesión menos importante que la del profesor que también toma leche y viste su jersey de lana o que el trabajo del artesano que hace bolsos sea menos digno y merecedor de valor que la actividad del estudiante que llena estos bolsos de libros con los que estudia.

—También detrás de mi mochila hay un mundo de personas, las que la han hecho. Qué extraño, es algo tan banal y nadie piensa en ello; se ve el objeto y no a quien ha contribuido a su realización.

—No hay nada en la sociedad que no sea el producto de actividades humanas. Pero nuestra conciencia ha sido tan violentada que nos es difícil mirar el interior de las cosas que nos rodean, pensarlas como el aspecto final de una serie más o menos larga y trabajosa. Esto provoca luego una actitud menos respetuosa con los propios objetos, cayendo en la trampa de pensar que hay gente merecedora y no merecedora de consideración. Pero hay algo más, detrás de tu mochila, así como detrás de muchísimos otros objetos, vestidos, juguetes, accesorios, está el trabajo humano, con todos los problemas ligados al riesgo, a la salud, al salario, a la seguridad de las vidas.

Tenemos, hoy en día también, el problema de la explotación de la infancia. ¿Has pensado en que muchos de los objetos que poseemos provienen de Asia, de China, de Taiwán, de Indonesia, de Corea, de la India? Esto acontece porque el capitalismo, o sea, el sistema vigente en Occidente y en el norte del mundo, obliga a que haya miseria en el resto del planeta, en cuyas zonas más deprimidas rigen condiciones de trabajo típicamente esclavistas, con un trabajo infantil sin regular en relación a los derechos de los trabajadores, para obtener costes más bajos respecto a los que se generan desde actividades desarrolladas en países donde existe un nivel mayor de defensa de los derechos de los trabajadores y una tutela de la infancia. Así, las grandes marcas acuden a encargar allí la producción de los objetos, para luego venderlos aquí con márgenes de ganancias multiplicados. Son tres las principales consecuencias de este estado de las cosas: la explotación del trabajo, incluido el infantil; el enorme provecho obtenido por las empresas y el clima de chantaje constante hacia los trabajadores de nuestros países que esta operación provoca, pues no pueden osar pedir demasiado cuando se les amenaza con cerrar la fábrica, desplazando el trabajo a las áreas del tercer mundo.

Es por eso por lo que se llevan a cabo campañas de boicot hacia ciertas marcas. Por eso habría que ir siempre hasta el fondo de las cosas, precisamente porque dentro y detrás de una mochila hay muchas historias, a menudo dolorosas, incluidas de niños y de niñas que han protestado para pedir la mejora de sus condiciones y han sido asesinados, como pasó con Iqbal Masih en Pakistán.

—Estoy desconcertada con lo que me cuentas. Es una cosa que me pone verdaderamente triste y me hace sentir también un poco culpable.

—No tienes que sentirte culpable, las responsabilidades por estas cosas son claras. Culpable debería sentirse quien sabe y hace como si no se diera cuenta. Conocer ciertos hechos puede provocar dolor pero es necesario salir del limbo de la inconsciencia en la que nos quieren hacer vivir.

Volviendo al discurso inicial, sobre las actividades merecedoras de gratificación, mi manera de pensar es que cuando un trabajo está hecho con amor y con implicación no tiene nada que envidiar a ningún otro, no es ni superior ni inferior a cualquier otro.

—Tienes razón, pero no creo que a todo el mundo le guste trabajar como campesino, albañil o limpiador. Si pudieran a lo mejor preferirían estudiar y luego tener un trabajo menos pesado y más gratificante.

—Has dado con uno de los problemas más importantes. Hoy un jefe de reparto de hospital, un cirujano importante, gana más dinero en un año que el que una persona común podría ganar en diez vidas, sin contar con lo que recibe en términos de consideración social. Este no es sólo un hecho absurdo de por si, ya que es injusto conceder a una persona bienes y privilegios que no podrá consumir en toda su vida, sobre todo es humillante para todos los que pasan sus mejores años plegados sobre el campo, encerrados en una fábrica o encaramados a un andamio y sudando, para llevar a casa un salario que sirve a duras penas para seguir adelante hasta el siguiente salario. Y mira que te estoy poniendo el ejemplo de un cirujano, no el de un actor o un futbolista, que llega a ganar en un minuto el equivalente al salario mensual de dos obreros; en este caso estamos ante una verdadera degeneración del sistema...

En cuanto a nuestro médico que hoy es ampliamente gratificado, piensa en qué se quedaría todo su talento sin los obreros que han construido las maquinarias con las que trabaja, sin los que las instalaron, sin los enfermeros que colaboran con él, sin el trabajo del encargado de la limpieza que hace que ese ambiente sea estéril e higiénico; sin los analistas, los anestesistas, los electricistas, los fontaneros.

Piensa también en que cada uno de estos sujetos a su vez necesita de personas que desarrollen otros trabajos: desde el panadero al zapatero, desde el campesino al obrero, desde el profesor al albañil, desde el limpiador al médico. Como ves, cada uno es deudor, siempre, respecto a alguien más, no existen trabajos separados o separables.

La división entre trabajo manual y trabajo intelectual y la jerarquía de valores que hoy asigna a cada una de estas actividades una posición diferente en la escala social, son resultado de una política sin sentido que conduce a dividir a los individuos, a perpetuar la división entre clases, a entregar privilegios a unos mientras carga con deberes muy pesados y humillantes a otros con el fin de garantizar la explotación humana. La supresión de la división entre estas dos formas de trabajo; la de la propiedad privada, además de la descentralización de la producción, las actividades y las decisiones que permitirían la implicación de la comunidad en las elecciones de fondo que tienen que ver con ella, pueden poner los fundamentos para instaurar una sociedad igualitaria en la que el trabajo se convertiría en el ejercicio de una actividad bella e interesante. Llegados a este punto podríamos incluso hablar del final del trabajo, porque éste sería, completamente, otra cosa.

—Sí, pero siempre existirán actividades que nadie quiere llevar a cabo.

—El uso de máquinas, los progresos en ciencia y técnica tendrían que servir para todo esto, para contribuir a aliviar las molestias. Sobre todo podríamos poner a rotar los trabajos desagradables, los que tampoco las máquinas serían capaces de llevar a cabo en nuestro lugar, de modo que éstos recaigan sobre todos pero durante un tiempo minúsculo, de manera que no molesten demasiado. Un trabajo desagradable no sería humillante para nadie si fuera llevado a cabo por todos.

—Si las cosas son como dices, ¿sabes decirme por qué los individuos nunca han podido ponerse de acuerdo para dar vida a esta sociedad igualitaria?

—Los individuos crecen en un ambiente hostil que forja sus cerebros, que manipula la educación para inhibir la libertad desarrollando sumisión hacia figuras autoritarias: Dios, el Estado, el Papa, lo que sea...

—¿Cómo es que los anarquistas pueden desligarse de estos condicionamientos, mientras todos los demás no pueden?

—Hay individuos que consiguen ganar la lucha interior entre autoridad y libertad. En cualquier sociedad siempre hay quien logra dar forma a la necesidad natural de vivir de manera libre, sin condicionamientos y sin esclavitud. O por lo menos lo intenta. Los anarquistas están entre esos. A través de una reflexión libre han dinamitado el funcionamiento de los mecanismos de conservación de las desigualdades y de las injusticias, logrando constituirse en corrientes de pensamiento, en movimiento para compartirlo. Su objetivo principal es el de contagiar a todos los demás individuos sometidos por una cultura autoritaria.

—¿Puedes ser más preciso sobre la cosa esta de la cultura autoritaria?

—¡Claro que sí! Errico Malatesta, que fue uno de los más importantes pensadores anarquistas y también un hombre de acción, ponía siempre un ejemplo: probad a atar los miembros inferiores de un niño en su edad más tierna y no dejad de decirle que no es capaz de andar, que tiene que dar gracias a las cuerdas que le atan, que sino se cae. Él crecerá dándoles infinitas gracias a las cuerdas que le atan porque le evitan las caídas. Ahí lo tienes: las cuerdas representan al Estado. Desde el momento en que nacemos nos dicen que sin Estado es imposible vivir, que tenemos que dar gracias al Estado que nos ofrece su protección, que nos ayuda y nos acompaña toda la vida. Pero si un individuo nace y crece en un ambiente libre no necesitará ni Estado ni autoridad. Hoy es común oír hablar a muchas personas que consideran una verdadera locura la idea de una sociedad sin Estado. Personas que posiblemente no estén contentas de sufrir diariamente el peso de la estructura estatal con sus impuestos, sus reglas o sus actos violentos que son hechos legítimos, desde el maltrato en las cárceles y en las guerras a las muchas experiencias de quienes protestan y se encuentran con las porras de los policías, pasando por las misiones de paz dispersas por el mundo que en realidad son operaciones de guerra en defensa de los intereses del capitalismo, personas no contentas que defienden la idea del Estado, incapaces de imaginar una sociedad diferente.

—Creo que en la línea teórica los anarquistas tienen razón, pero, luego en la práctica, siempre ha existido el Estado, ¿no?

—Las cosas no son exactamente así. El Estado, en un cierto punto de la historia humana, se ha impuesto como la organización social más difundida, como el único sistema político con capacidad de asegurar la organización de un territorio y de un pueblo, satisfaciendo las exigencias de dominio de monarcas, religiosos y clases privilegiadas, con diferencias marcadas entre una y otra realidad, dependiendo de las realidades particulares. Pero desde un principio, en el seno de los antiguos Estados, había quien veía en esta forma de organización social tan sólo un monstruo, un enemigo de la libertad, un instrumento en manos de los más fuertes para someter a los más débiles. Así, la existencia del Estado siempre ha venido acompañada por una lucha constante con sus opositores. El Estado actual, el que conocemos, ha añadido a las tradicionales técnicas de dominio, que sustancialmente nunca han mutado, mecanismos nuevos tales que consiguen hacer de la explotación, que es parte de su naturaleza, algo aparentemente aceptable, en línea con los tiempos. Para darte algunos ejemplos: ahí tienes la capacidad de condicionamiento del consumismo, que con la posesión de bienes y mercancías crea un estado de satisfacción, así limita la toma de conciencia sobre las auténticas relaciones entre ricos, poderosos y subalternos, haciendo de los últimos cómplices y defensores del sistema que les concede dicho nivel de confort. O también está la función de los medios de comunicación de masas, los cuales logran que se absorban contenidos ideológicos muy precisos capaces de provocar alienación, pasotismo, pasividad fatalista, dándole a todo un aspecto de libertad.

—Todavía no me has dicho si han existido alguna vez otras formas de sociedad en las cuales la población haya vivido en armonía, sin estar los habitantes sometidos a la autoridad de ningún poder.

—Antes del nacimiento del Estado no existían grandes concentraciones territoriales sometidas a un orden centralizado; la gente vivía en las aldeas, se autogobernaba, en muchísimos casos se decidía todo a través de asambleas. Lo de ir ganando territorio a costa del espacio ajeno, la conquista de otras tierras sometiendo a la población, ha llegado más tarde, con el nacimiento de la agricultura, el crecimiento demográfico y las consecuentes exigencias de alimentación. Ha sido un proceso largo en el tiempo, que ha visto, con el desarrollo de los utensilios y el aumento de la productividad, el surgir de la propiedad privada, de la esclavitud y del Estado, por la necesidad de proteger a la clase de los propietarios.

Pero no en todos lados estos problemas han sido enfrentados y resueltos con la violencia. Otros grupos humanos han preferido dividirse en grupos más pequeños y moverse a nuevos territorios deshabitados, continuando con su vida social. Con las guerras, por el contrario, se ha consolidado una organización social de tipo piramidal, que ha dado vida a una especie de espiral en la que la una, la guerra, necesitaba de la otra, la sociedad jerárquica, y viceversa. De esto ha derivado una separación cada vez más clara de las tareas entre los combatientes, cultivadores y esclavos o prisioneros; entre jerarquías de mando y pequeños núcleos de burócratas empleados en el funcionamiento de la máquina bélica y política. Aquí en nuestro país, con el crecimiento de Roma y de lo que poco a poco será su Imperio, todo ello asumirá un aspecto progresivamente más importante. Pero antes del nacimiento del Imperio Romano, en regiones como Mesopotamia, Asia Central y el Extremo Oriente, o en el continente americano todavía no descubierto por Occidente, otras sociedades experimentaban en diferentes niveles el desarrollo de establecimientos políticos de tipo estatal. Con el choque entre estos Estados nacerán otros cada vez más poderosos, mientras otros desaparecerán, absorbidos por los más fuertes.

Pero muchos pueblos buscaban substraerse a este destino, vivían en paz sin dotarse de ningún aparato social autoritario. Obligados por la arrogancia del enemigo a pertrecharse para no perecer, reaccionaron, acabando derrotados o marginados. Las sociedades organizadas de manera diferente siempre han existido, en paralelo con las estatales: en la Edad Media, por ejemplo, nacieron organizaciones de pequeñas ciudades que eligieron establecer entre sí una relación de tipo federalista; garantizando su autonomía, en caso de necesidad, se socorrerían las unas a las otras a través de un pacto de mutuo apoyo. Dicha idea federalista ha sido la bandera de muchos territorios y de sus pueblos que no deseaban ser anulados por una estructura centralizada.

—Me parece que también hoy el federalismo es una idea viva, sostenida por movimientos como el de la Lega Nord[3], que no creo que tengan intención de abolir el Estado...

—El federalismo es una concepción de tipo horizontal para las relaciones políticas, basada en la autonomía y la independencia de cada sujeto respecto a los otros. Puede ser aplicado a una organización social alternativa por completo a la estatal, pero también entre Estados o regiones, por lo que se refiere a las relaciones entre ellos. Por ejemplo, los Estados Unidos representan una unión federal de estados; podemos decir lo mismo de Rusia, Alemania, o el Estado Suizo, que está divido en cantones federados. El federalismo de por sí no desemboca en un antiestatalismo, está conectado a la idea de descentralización, de sociedades cuyas decisiones son tomadas desde abajo, de pueblos que adoptan entre sí relaciones libres. En este sentido varias poblaciones nativo-americanas se federaron entre sí para luchar en contra de los blancos que las estaban exterminando. Es este concepto federalista en el campo político, junto a una concepción comunista en el campo económico, lo que ha animado algunas de las revoluciones de la Edad Moderna. Como la Comuna de París de marzo de 1871 o la Revolución Ucraniana de 1917-18 durante la Revolución Rusa, o la más importante de todas, la que más se ha acercado a la realización de una sociedad sin Estado, la Revolución Española de 1936-39. Muchas poblaciones de África, en las américas o en Asia, han vivido como algo totalmente ajeno cualquier forma de organización autoritaria. Dado

---

3   NdT Liga Norte, partido político italiano de extrema derecha.

que en ellas no existían siquiera las clases, tampoco existía el Estado, que nace concretamente para permitir a una clase dominar a otras. Sus sociedades estaban basadas en la aldea, para la economía o los intercambios aplicaban formas de gestión desde abajo, asamblearias, en interrelación con las otras comunidades. Simplemente, se daban a sí mismas normas de convivencia, internas y con el exterior, las cuales permitían resolver de una manera satisfactoria todas las problemáticas que el Estado enfrenta de una manera autoritaria y violenta.

—¡Qué divertido suena esto! Una utopía que ya ha existido.

—Precisamente. La utopía en la historia no es solamente una colección de sociedades futuras ideales, como las descritas por escritores como Tomás Moro, Francis Bacon, Tomaso Campanella, Denis Diderot, Charles Fourier, Étienne Cabet, Robert Owen, William Morris y muchísimos más. Utopías todas diferentes entre sí y fascinantes, a pesar de sus evidentes contradicciones, fruto de lo que creía conocer la época, y a pesar de estar a menudo desligadas de cualquier referencia con la realidad. La utopía es también el propio desarrollo de una vida enfocada hacia la libertad y el autogobierno, o la experiencia que se concreta en los innumerables intentos implementados activamente por los pueblos para poner en pie sociedades mejores que las existentes, sociedades basadas en el bienestar y la felicidad de todos los seres; la utopía social comienza a andar desde las condiciones del presente, proyectadas hacia el futuro.

—Estamos hablando de una especie de utopía que no es utopía.

—Y de hecho los anarquistas aceptan que se les defina como *utópicos,* en la acepción de *soñadores,* de individuos en lucha por una sociedad mejor. Porque ellos, al enfrentarse con los problemas diarios, al ir intentando una y otra vez que la revolución se desarrolle, se acuerdan siempre, como dijo Buenaventura Durruti en la plenitud del choque revolucionario antifascista de la España del 1936, de que llevan un mundo nuevo en sus corazones... Pero no aceptan la etiqueta cuando por el contrario es utilizada como un insulto, para definirles como seguidores de un sueño imposible, gente que pierde su tiempo detrás de una quimera. Aunque a veces también seguir sueños imposibles puede revelarse útil para desbloquear una situación, para alcanzar objetivos inesperados.

—¿Y los ricos? Tú me hablas de gente que quiere cambiar la sociedad, de revoluciones, de utopías. Pero... los ricos ¿por qué deberían querer cambiar, visto que para ellos la sociedad ideal ya está materializada? ¿Cómo van a hacer, los que no comparten los valores de esta sociedad, para cambiarla sin chocar con todos los que, contrariamente, están de acuerdo? ¿Van a imponer con la violencia su voluntad? ¿Y al usar la violencia no se comportarán como sus contrincantes? Siempre he oído hablar de las revoluciones como momentos de grandes sufrimientos, matanza de inocentes, de mucha sangre derramada.

—Una revolución es, como dice la palabra, dar la vuelta por completo a una cosa, hacer que dé un giro de 180 grados. Su significado es poner a cero el sistema actual, volver a empezar con nuevas bases para fundar uno totalmente diferente. Ese proceso de renovación no estará exento de violencias y sacrificios.

—¿Pero entonces el que no esté de acuerdo tendrá que sufrir la violencia de los revolucionarios?

—Los individuos que mantienen posiciones de privilegio en el interior de la pirámide social (en las sociedades autoritarias y estatales) nunca estarán de acuerdo con los que propugnan la abolición de todo privilegio. Probablemente no descartarán ningún medio para impedir que el proyecto de quien quiere derribarles se pueda realizar. Es muy difícil que el intento de abolir una sociedad fundada sobre la desigualdad, para construir otra fundada en la puesta en común de los recursos, en la participación equivalente y solidaria de todos los seres en el bienestar social y económico, pueda llevarse a cabo sin violencia. Por poca o mucha que sea, la violencia será forzosamente protagonista.

—¡Qué decepción! Veía tanta poesía en lo que me contabas...

—La poesía no puede ser una abstracción del mundo real. Hoy hay clases sociales, castas, individuos que poseen riquezas y poderes sin límites, son los que pueden permitirse vivir una vida acomodada y opulenta, mientras todo eso es negado a la mayor parte de la población. Por el contrario, en el mundo hay millones de individuos a los que les faltan los bienes necesarios para sobrevivir: agua, comida, casa. ¿Esto acaso no es violencia? Lo es, porque estos privilegios, estas riquezas en las manos de pocos, este poder de decidir sobre la multitud, de condicionar la vida de millones de personas, son el resultado de una violencia, una violencia que viene de lejos, que ha llevado a la expropiación de los bienes de la colectividad, a la privatización de las riquezas que la naturaleza ha entregado a todos; ha llevado a la miseria, a la sumisión de la multitud de mujeres y hombres. Una violencia que ha condenado a una vida de privaciones a millares de personas y que todavía hoy hace que mueran cada minuto centenares de niños y de niñas en el mundo debido a la malnutrición. Una violencia que es resultado de un sistema que lo devora todo, que ya no expande sus tentáculos sobre un territorio limitado sino sobre todo el planeta, y que para poderse mantener ha necesitado y necesita a los Estados como perros guardianes. El Estado, que significa ejércitos, policías, cárceles, tribunales, leyes, parlamentos, escuelas, iglesias... Y luego más guerras y represión para asegurarse de que nadie tenga la osadía de poner en discusión el privilegio. Por eso Proudhon, unos de los pensadores que pusieron las bases del pensamiento anarquista, ya en 1840 decía que «la propiedad privada es un robo», porque sólo robando a la mayor parte de la población, una minoría ha podido acumular las riquezas que posee.

—Sí, tienes razón... Me pregunto cómo han de hacer los anarquistas para cambiar todo esto.

—Ante todo, no serán sólo los anarquistas los que lo hagan. Quienes luchan nacen en el seno del amplio movimiento de los trabajadores, son el componente más determinado a luchar en contra de todas las formas de explotación y desigualdad. Ellos han sido la punta de lanza de un proletariado en lucha contra las formas modernas de explotación, como por ejemplo el trabajo asalariado. Los anarquistas no hacen otra cosa que intentar abrir los ojos a las víctimas de esta sociedad, tratando de despertar a un gigante dormido que no es consciente de su propia fuerza, ya que a menudo, como en Occidente, el gigante ya no se da ni cuenta de cuáles son las cadenas que le hacen esclavo. Ellos actúan con la propaganda, con los hechos, los que sus acciones directas pueden generar, con las propuestas de autogestión que alcanzan a poner en marcha, siempre para debilitar al sistema y encontrar nuevos amantes de la revolución, ampliando el frente de los que sueñan con un mundo diferente del actual. Han decidido combatir para materializarlo. Decía Carlo Cafiero, un anarquista del siglo XIX, que «el obrero lo ha hecho todo, así que puede destruirlo todo, ya que puede volver a hacerlo todo». Hoy las experiencias de lucha y de autorganización a las que dan vida los anarquistas, a menudo junto a otros grupos, tienen una función por así decirlo pedagógica. Malatesta, otra vez aparece, lo definía como «gimnasia revolucionaria». Son experiencias de educación y de preparación para el evento revolucionario.

—Pero visto que los ricos, o como tú los has llamado, los grupos privilegiados, activarán todas sus capacidades y sus medios para impedirlo ¿Qué pasará?

—Ya lo hacen a menudo, con un fin preventivo, y no sólo los ricos sino también el Estado, el instrumento de defensa de sus privilegios, sin embargo tiende a su vez a autoperpetrarse de manera autónoma. El fulcro de las políticas de prevención de cualquier movimiento de insubordinación individual o colectiva es el control. A lo largo de la historia ha sido ejercido a través de los grupos uniformados, de los tribunales, de los inquisidores, con la violencia y el terror, tanto físico como psicológico. Hoy estas formas de control han crecido de manera incontenible en los últimos decenios gracias a la utilización de las tecnologías, desde las tarjetas informatizadas a las cámaras y videocámaras, desde los satélites a las lecturas digitalizadas de las imágenes, las huellas digitales, la retina. Tú vas y compras en un supermercado, utilizas el teléfono móvil, sacas dinero en el banco o en la oficina de correos, llevas a cabo operaciones intrascendentes y el contacto directo o indirecto con la tecnología deja un rastro preciso de tus movimientos, de tus gustos, de tus preferencias, de tus capacidades de consumo, de tus lecturas, de tus contactos, de tus conversaciones, de tus ideas. Esto ya no es ciencia ficción, es la antiutopía que se materializa, la vida de los seres humanos está sujeta al control total.

La autonomía frente al «gran ojo» y la «gran oreja» del sistema es casi nula; el Estado asume de manera cumplida y oficial el papel del «gran hermano» que había descrito George Orwell en su libro *1984*, dando sustancia en los hechos a la definición de *Leviatán* que dio Hobbes retomada desde la biblia: el monstruo que representa el poder absoluto. Comprenderás que con la gran potencia asumida por las tecnologías no sólo es posible controlar los gustos de los individuos; el mero hecho de inducirnos a pensar que no se puede vivir sin un automóvil, sin una televisión, sin un ordenador, ha logrado transformar la vida en esclavitud voluntaria en el interior de un cuartel difuso, en un supermercado global. Esta mentalidad sumisa condiciona cada aspecto de la vida social y política de los individuos, transformándoles en defensores del Estado, de esa bella modernidad que, más bien, los tiene enjaulados. Todo viene pasando de manera muy sutil, a menudo con la complicidad directa de la gente; por ejemplo a través del rito democrático, la participación con el voto, pero también a través de otros símbolos de la implicación en el sistema, como la adhesión a sus valores consumistas, legalistas, constitucionales, que representan su esencia incluso en ausencia del consentimiento electoral. Obviamente no por eso el Estado ha renunciado a los aparatos represivos tradicionales.

—Pero todo esto... una persona simple alcanza a comprenderlo con dificultad... y para derrotar a esta cosa hará falta bastante tiempo... Admitiendo de todos modos que antes o después se llegará a ese punto...

—Considera el hecho mismo de hablarlo, que haya gente que escribe sobre ello significa que por lo tanto existen individuos conscientes en un grado suficiente para desenmascarar el mecanismo y combatirlo. Y no sólo eso, date cuenta de que lo que hemos dicho sólo es válido para las sociedades occidentales del norte; en otros lugares, también en el propio interior del monstruo, existen contradicciones que sitúan a las personas en puntos alejados de la alienación de los bienes poseídos, el consumo, la esclavitud tecnológica o el control cibernético. Piensa en los pobres, en los marginados, en las poblaciones de los países del llamado tercer mundo.

Volvamos a nuestros individuos privilegiados: ¿Cómo reaccionarían frente al intento de dar la vuelta a esa sociedad que por el momento les permite engordar asumiendo el papel de protector? Ni siquiera frente a una masa exterminada de personas muy determinadas que quisieran combatirles cederían sus propiedades, sus bienes, su poder, serían los primeros en responder con violencia a la amenaza representada por una multitud de mujeres y de hombres que ya no quiere someterse a la autoridad, lista para una expropiación generalizada. Utilizarían la violencia, sacarían sus ejércitos y sus policías. Llegado este punto a quien quisiera restablecer la justicia no le quedaría más remedio que pertrecharse para contestar a la violencia con la violencia, intentando usarla lo menos posible.

—Me estás hablando de una violencia casi necesaria, pero ¿no crees que los ricos podrían aceptar las nuevas ideas? Después de todo, ellos también gozarían del júbilo de la nueva sociedad como todos los demás.

—Desgraciadamente esto en la historia no ha pasado nunca. Hasta el último momento buscarían defender sus privilegios. El miedo a perderlos les volverían despiadados, el fin de mantenerse en lo alto justificaría cualquier medio. Y la historia se repetiría. Cuanto más se difunda la conciencia de la necesidad de un mundo nuevo, cuanto más se intente penetrar con esta idea en cada ámbito de la sociedad, tanto menor será la violencia que caracterizará el momento del choque, porque también entre las filas del ejército, de la policía, de los que normalmente sirven al poder, habrá defecciones, deserciones, cambios de frente, hasta el punto en que el poder se encontrará muy debilitado y no podrá utilizar la fuerza por mucho más tiempo.

—Si he comprendido bien entonces el problema es convencer a cuanta más gente mejor de la utilidad de cambiar el sistema en el que viven, de manera que se evite la explosión de una violencia incontrolable.

—Sin duda. En una revolución siempre hay una fase de propaganda, de difusión de las ideas, en ella se mide el campo de fuerzas para verificar cuán cercano (o lejano) está el momento de la ruptura del sistema. Puede ser adoptado cualquier método que nos lleve a la conquista de mayores derechos y mejores condiciones de vida, siempre que no entre en contradicción con los fines: la educación, la palabra escrita o hablada, la huelga, el acto de desobediencia, el gesto simbólico, el boicot, el sabotaje, la insurrección... pueden ser útiles para reforzar un tipo de oposición desde abajo que ayude a tomar conciencia, a reunir fuerzas. Luego viene una segunda fase, en la que se sube el listón y ya no nos contentamos con las pequeñas conquistas; aquí hay que contar con las capacidades estratégicas suficientes para rodear a las fuerzas del Estado, neutralizándolas lo más posible, de modo que se pueda limitar el choque militar a su nivel más bajo contando con una duración breve del conflicto. Finalmente empieza la fase constructiva, cuando el proyecto de una nueva sociedad se pone en práctica, reemplazando poco a poco las viejas estructuras estatales por otras descentralizadas, municipalizadas, autogestionadas, federales. Sustituyendo las realidades productivas urbanas, industriales y de grandes dimensiones, por otras más pequeñas y gestionables. En cada una de estas fases habrá que enfrentar insidias y reacciones no siempre previsibles; estarán los que, como alternativa a la ruptura revolucionaria, sostendrán que con las pequeñas conquistas, pasito a pasito, el sistema puede cambiar. Como ya ha acontecido en el pasado, los que sostienen tales posiciones se encontrarán, incluso sin quererlo, del lado de quien defiende el sistema, al mantener que, para sobrevivir, se necesita hacer alguna concesión... así podrán apagarse, desde su nacimiento, las ideas de cambio radical. Habrá momentos de represión con el fin de eliminar el disentir desde la raíz, habrá encarcelamientos, violencia, provocaciones. No va a ser un recorrido fácil y lineal, si se pudieran llegar a superar las primeras dos fases, luego habría que ir con cuidado para no cometer errores que podrían comprometer todo el esfuerzo.

—¿Como cuáles?

—Como infravalorar la posibilidad de que nuevas autoridades suplanten a las viejas. Como dejar demasiado espacio a las armas y la venganza. O como enfrentar con la mentalidad y las metodologías típicas de la vieja sociedad determinados problemas, como el tema del disenso y los conflictos entre ideas, o las cosas del ámbito práctico como los hurtos, apropiaciones indebidas, etc. Problemas en cualquier caso ligados a la fase incierta y confusa que rodea lo nuevo que está a punto de surgir.

—¡Vaya lío esta revolución!

—Digamos que no es algo ni simple ni que se pueda esquematizar, es difícil prever cada desarrollo. Hay quienes han dicho que «la revolución no es una comida de etiqueta»; mucho de lo que se ha estado pensando durante la vida, luego, a la hora de los hechos, se mostrará diferente, confuso. Una revolución no tiene una fecha de principio o de fin, es un recorrido que nace en la lejanía, cuando los sujetos que abrazan esta idea empiezan a sentir en lo hondo de su alma que algo está cambiando, cuando ven el mundo que los rodea con nuevos ojos, cuando enfrentan al adversario a cara descubierta, con dignidad, lanzándole desafíos que puede aceptar. Comienza a ser verdadera la revolución cuando cada vez más y más grupos se rebelan contra el Estado, sintiéndolo como enemigo y de ese mundo podrido. Huelgas, actos individuales de rebelión, ocupaciones de lugares de trabajo, de casas, de espacios; puesta en práctica de experiencias de autogobierno en la escuela, en el trabajo, en la gestión de los servicios. Todas ellas son fases de un proyecto cada vez más preciso y constructivo, maneras de negarle al poder el consentimiento o consenso que le es necesario para poder mantenerse en pie. Un filósofo del siglo XVI, Étienne La Boétie, definía ese consenso como la «servidumbre voluntaria». Su razonamiento se basaba en sostener que si los que sirven con su actitud dócil a la casta de los privilegiados dejasen de hacerlo, automáticamente cesaría la esclavitud. Por otro lado, a pesar de que la esclavitud no terminara tan rápidamente como pensaba La Boétie, recibiría un golpe mortal con las innumerables defecciones en los pueblos esclavizados. Desde esa fase de la revolución habrá que pasar a la fase de revolución real.

—¿Te importa si seguimos después de cenar? Sigo teniendo muchas cosas que preguntarte. Algunos temas de estos los hemos visto también en la escuela.

—Claro, si te hace ilusión.

# II

# Noche

—Papá, quería retomar la discusión sobre las revoluciones. En la historia ha habido muchas, las estudiamos también en la escuela: la americana, la francesa, la rusa… ¿Pero por qué de ninguna de éstas ha nacido un mundo de anarquía?

—No porque no hubiese anarquistas o componentes sociales que, aunque sin definirse así, tuviesen ideas más o menos similares, sino porque después de una primera fase en la que ha habido mucho espacio para la espontaneidad, la libre iniciativa de todos los sujetos y de todas las corrientes que aportaban pensamiento revolucionario, prevalecieron los grupos que propugnaban una revolución diferente, una medida de conquista del poder, para suplantar a la vieja clase aristocrática por una nueva clase, la burguesía en el caso americano y francés. En 1789 ya se habían sentado las bases del pensamiento anarquista, las comunas libres, la abolición de toda forma de gobierno, el autogobierno. Por el contrario, en el caso ruso, que tantas esperanzas había suscitado en el proletariado mundial, sustituyen a la aristocracia por la burocracia procedente de las filas del partido bolchevique que adquiere la supremacía.

—¿Entonces no han sido verdaderas revoluciones?

—Lo han sido hasta cierto punto. La explosión de la rabia y de la insatisfacción popular, cuando se abre cauce por un momento la fuerte voluntad de ruptura con el sistema, logra derrotar a la aristocracia, su ejército, sus aliados. Pero no se procede a demoler la vieja estructura estatal, dejando que caiga en manos de una nueva clase dominante que ha salido reforzada de la revolución, manteniendo intactos los mecanismos del sistema que acaban de derrotar. En la historia no hay nada preestablecido, la anarquía no vendrá automáticamente. Se trata de intentarlo y volver a hacerlo una y otra vez, aunque cueste muchas derrotas, y los anarquistas han acumulado muchas...

—¿En qué han fracasado?

—Los fracasos de los anarquistas se han dado por las corrientes revolucionarias autoritarias, con las que compartían la lucha en contra del enemigo común. A veces porque éstas eran más fuertes y organizadas, o bien más listas y falsas, se han servido de los revolucionarios, los anarquistas, los trabajadores sencillos, los militantes comunistas, para perseguir sus fines, y una vez conquistado el Estado considerarles como adversarios, cuando no traidores y enemigos de la revolución. Esto ha pasado en todas las revoluciones, de manera trágica en la rusa; en ese caso los anarquistas eran muy activos y defendían, junto a muchos obreros, campesinos y grupos marxistas disidentes, que el poder de decisión se quedara en los soviets, o sea, las asambleas de los campesinos, obreros y soldados. Solamente en Ucrania, donde el movimiento anarquista era más fuerte, enraizado en la población campesina, lograron realizar el proyecto de una sociedad sin Estado durante un cierto periodo, pero no contaron con el tiempo suficiente para consolidarlo. Agobiados por las necesidades de una guerra, de una revolución que los atenazaba en dos frentes (el de los «blancos» filo-zaristas y el de los fascistas «rojos» del nuevo gobierno bolchevique), fueron derrotados sufriendo persecuciones, la cárcel, el exilio y la muerte.

—Evidentemente las ideas de una sociedad sin Estado no estaban muy difundidas en el momento del estallido de la revolución rusa.

—Evidentemente. Mira, ser anarquista, por definición, está muy conectado a la relación entre medios y fines. Los medios adoptados en la lucha tienen que ser coherentes con los fines, nada de jerarquías, elecciones, delegación. A una sociedad anarquista no se puede llegar por vías que atraviesan la conquista del poder para la reorganización de los ejércitos o para el mantenimiento de los tribunales, por mucho que hasta se les llame «del pueblo». Esto hace de los anarquistas individuos coherentes pero también ovejas negras, contestatarios, a menudo mal vistos por otros movimientos, gente molesta debido a sus actitudes críticas. De ahí su dificultad para afirmar sus propias ideas, porque se ven obligados a actuar en dos frentes, como en Rusia, por una parte el poder y por la otra el contrapoder que quiere socavar al primero. La experiencia nos enseña que sin una coherencia entre medios y fines no se construye nada nuevo. Si quieres un árbol de manzanas tienes que plantar semillas de manzano.

—A mí me parece, cuando miro a mi alrededor, que de todos modos los anarquistas son gente aislada, una minoría que difícilmente podrá difundir unas ideas condenadas al aislamiento.

—Las ideas están por encima del discurso cuantitativo, del número de cuantos las profesan. Pueden ser correctas aunque no sean de masas. Un personaje chino decía que los anarquistas son como las nubes en un día de cielo claro, parece que no hubiera; luego aparece un jirón aislado y puede que de repente las nubecillas engorden, el cielo se cubra de ellas y a lo mejor llegue una violenta tormenta.

—Bonita metáfora, pero no creo que la gente tenga tantas ganas de exponerse, de enfrentarse a una lucha tan dura. Prefiere contentarse con lo que tiene: coche, televisión, comida y bebida, pequeñas comodidades; antes que arriesgarse a perderlo todo incluida la vida, por una tentativa de cambio hacia un porvenir bastante incierto.

—Todo lo que llamas «pequeñas comodidades», el bienestar material, igual que es dado por descontado un buen día puede desaparecer. Los bienes derivados del sistema consumista son experimentos, sirven para adormecer las conciencias, para apagar los impulsos de la razón. Además, no son la felicidad del hombre sino un sucedáneo, muy frágil por cierto. Si levantamos la costra del bienestar nos encontramos con los problemas de siempre: resignación, aburrimiento, insatisfacción, frustración. No es un caso que en las sociedades que se hacen llamar desarrolladas, el oficio de psicoanalista vaya al alza. Tenemos entonces una masa de consumidores, aparentemente satisfechos y saciados. Y luego están aquellos seres a los que se les niega hasta las migajas que caen de la mesa de los privilegiados. Quien encuentra esto profundamente injusto y quiere cambiarlo tiene que hacer comprender a los primeros que están en una trampa de la cual tienen que salir cuanto antes, liberándose de las mercancías y las máquinas que les alienan. Y a los segundos hay que decirles que no tienen que luchar para obtener el nivel de vida de los primeros, para luego volver a empezar desde el principio para encontrarse con la trampa inicial. Hay otra vía para conquistar una vida satisfactoria, fuera de la miseria y también de las falsas libertades.

—¿Y si muchos individuos no estuviesen de acuerdo?
—Peor para ellos. Quien decide rebelarse obtiene de momento la satisfacción de sus propias ansias de rescatarse, de salvaguardar su dignidad, de haber dado el ejemplo. Quien lucha puede perder, pero quien no lucha ha perdido desde el principio. Quien quiere seguir cultivando la esperanza tiene que probar la lucha, porque quien no lo intenta ya ha sido derrotado. No existe la hora H, se lucha para intentar poner en marcha el *crescendo* que provocará la fatídica ruptura. Podría no pasar nada, o al contrario, todo. En la bellísima película de Ken Loach *Tierra y Libertad*, que narra algunos episodios de la revolución española de 1936, un viejo campesino, durante una asamblea en una aldea convocada para decidir la expropiación y la puesta en común de todas las propiedades agrícolas, frente a la duda de algunos afirma: «la revolución es como una vaca a punto de parir. Si no nos apresuramos a hacer nuestra parte, acabamos perdiendo a la vaca y a lo mejor al ternero que va a nacer». Y en un momento dado

ciertamente puede pasar que, por la educación burguesa, la alienación, la costumbre de la obediencia, los condicionamientos sociales, el abuso de drogas como la televisión, los objetos de consumo, la religión, muchos seres no se adherirán a los acontecimientos revolucionarios.

—¿Por qué hablas de la religión como una droga?
—Porque todo lo que puede alterar el estado psíquico de una persona es una droga.

—¿La religión lo altera?
—La religión hace algo más, altera el estado psíquico llevándolo a una perpetua adicción, a una dependencia que te puede conducir a renunciar a tus propias capacidades de juicio. Y luego te transforma en una especie de soldado en defensa del orden constituido, de la tradición autoritaria, del sistema del poder, siempre en primera línea contra toda reivindicación por una mayor autonomía, contra todo lo que sea combatir el privilegio. Entre los grupos privilegiados encontramos siempre, a la cabeza, a los altos dignatarios de la iglesia.

—Pero la religión también es fe, es también ayudar al prójimo, es desear un mundo de paz y hermandad. Es más, encuentro que hay muchas cosas en común en ella con lo que has dicho de la anarquía hasta ahora.
—Creer en un dios creador y amo de todo lo que existe es, lo primero, renunciar a tu integridad como individuo. Es ponerse en una situación de sumisión hacia una autoridad, en este caso abstracta, pero que sustancialmente es vivida de

manera real por millones de individuos. Si se cree en un dios no se puede desear la libertad, porque no se es libre, sino subordinado a este presunto ser «creador del cielo y de la tierra». La religión es una droga porque adormece las conciencias, mantiene a los seres humanos en la sugestión y en la superstición, consecuentemente en la ignorancia y la sumisión. Y luego, si consideramos las grandes religiones monoteístas: el cristianismo, el islam y la religión hebraica, vemos como éstas, disputándose desde el principio el monopolio de la verdad, no han hecho más que fomentar desencuentros, guerras, fronteras, muros de incomprensión y discriminación hacia mujeres y homosexuales. Las realidades del mundo dominado por las instituciones religiosas comportan una historia de violencia inaudita, de una discriminación de género que hoy en día sigue vigente.

Las religiones monoteístas han contribuido a difundir en las culturas el concepto de superioridad masculina y de raza, condenando a millones de mujeres y homosexuales a la muerte civil, a la esclavitud, al silencio, a roles inferiores y degradantes. Estas cosas no se pueden olvidar y todavía son parte de la realidad de muchos países. Las iglesias y las instituciones religiosas no son otra cosa que centros de poder, legitiman todo tipo de opresión, administran el consenso mientras se hacen con riquezas materiales y el predominio político y moral sobre la sociedad. Además se niegan entre ellas, disputándose la posesión de la verdad absoluta, no soportando rivalidades y competencias. Oponiéndose al ateísmo y a todo lo que se mantiene fuera de su control, son un verdadero elemento de discordia, aún más peligroso cuando se atavía de un pacifismo verbal. El buen rollo, el continuo uso de palabras como «hermandad», los actos caritativos definidos como «solidaridad», permiten aprovechar la buena fe de los fieles para acrecentar su peso político y económico sobre la sociedad. Van predicando la solidaridad y la hermandad entre ricos y pobres, entre gobernantes y gobernados, entre amos y siervos. ¿No se consigue así reforzar la estructura clasista de esa sociedad? ¿No son consecuencia de ella las desigualdades? Cuando quien está bien es solidario con quien está mal no se ponen en discusión las posiciones de la escala jerárquica social, los roles quedan intactos, igual que las diferencias sociales. La Iglesia pretende conservarlos, para eso sirven la caridad y la limosna de los ricos hacia los pobres, además de limpiar las conciencias de quien se cree menos hipócrita que los demás. Las limosnas nunca han transformado a un pobre en un rico.

—Pero a mí me parece que la religión es un sentimiento interior.

—Tienes razón, las religiones nacen como respuestas que los hombres han dado a su búsqueda de explicaciones a los muchos problemas que los inquietaban y preocupaban, o simplemente a todo lo que les causaba curiosidad. En el origen son una respuesta existencial, pero fuertemente basada en el miedo y la ignorancia. Ciertamente expresan ese sentido espiritual e irracional presente en cada uno de nosotros. Date cuenta que estoy hablando de respuestas equivocadas a preguntas razonables y a una condición del alma humana que necesita poderse expresar, pero solo una sociedad no jerárquica estaría en la posición de ofrecer espacio para esta forma de espiritualidad, fuertemente individual, signo de la diversidad de todos los individuos, una espiritualidad que no crea monstruos psíquicos y amos celestiales. Los creyentes de buena fe cultivan a menudo este sentimiento interior, a menudo buscan atenerse a sus principios de coherencia. Pero cuando desde la posición autoritaria se crea una estructura, una institución, entonces el sentimiento primordial sólo es asumido como un pretexto para garantizar a una casta privilegios y poder.

—¿Entonces los anarquistas son enemigos de los creyentes?

—Si alguien que cree se limita a cultivar sus sentimientos en privado, en su esfera personal, sin buscar coaliciones para imponer sus ideas religiosas a los demás, no creo que pueda hacerle daño a una colectividad. Creer o no creer sería parte de la esfera personal. Los anarquistas se oponen a todos los que intentan imponer a los demás sus ideas; esto es lo que siempre han hecho las iglesias y las castas sacerdotales. La historia de la humanidad en los últimos dos milenios está plagada de matanzas, guerras de conquista, inquisiciones, hogueras, actos de violencia perpetrados por la Iglesia católica, por nombrar la más cercana a nosotros, hacia los que ponían en discusión sus presuntas verdades, o bien rechazaban su poder político, o simplemente tenían comportamientos que no casaban con sus dictámenes. Duda, relativismo, investigación y libertad han sido considerados pecados a castigar con la pena capital, no sólo con la amenaza de las llamas del infierno. Durante siglos intolerancia rimaba con catolicismo. Esto no tiene nada que ver con la fe individual o con la libre elección de las personas para creer en lo que les guste o no creer en nada en absoluto. El ateo no impone su ateísmo a otros, y mucho menos a los niños y las niñas, como por el contrario hacen los religiosos de toda condición en todo lugar.

—¿Sabes qué me sorprende? Que en esta discusión estás dando la vuelta a muchas cosas que la mayoría de las personas no pone en cuestión lo más mínimo. ¿Es posible que la gran mayoría de las personan se equivoque?

—Es posible, si no fuera así la Iglesia no se interesaría por las cosas terrenales, no opinaría sobre las leyes, no buscaría tratos favorables hacia ella. Se apoyaría exclusivamente en las contribuciones de sus fieles quedándose tranquila en su ámbito. Precisamente porque está enganchada al poder temporal, la religión no es nada neutral, es a menudo usada como arma ideológica para dar justificación moral a la desigualdad. Pero cuidado, los anarquistas no desprecian tener a su lado, en el curso de las batallas que lidian, a los creyentes. Pasa más a menudo de lo que te puedes imaginar, pero en estos casos nadie piensa lo más mínimo en imponer su credo al otro. Existe una categoría de creyentes que mantiene una actitud éticamente correcta, no se deja instrumentalizar por quienes usan la religión o la religiosidad como arma de dominio.

—Sabes, en mi escuela, aunque se defina católica, veo que la mayoría de mis compañeros no demuestra mucho interés por las enseñanzas de la religión, tampoco frecuentan la iglesia, pero declaran pertenecer a su credo; esto me hace dudar si los católicos efectivamente implicados son muchos.

—Y mucho más, te demuestra que la Iglesia instrumentaliza los poderes públicos para obtener un trato de favor con unos retornos económicos increíbles, que su verdadera fuerza está en su capacidad de manipular la esfera pública e institucional. ¿Nunca has pensado que sería mucho más lógico y justo que la escuela no insertara las materias religiosas en sus programas y que los creyentes pudiesen, si de vedad lo desean, ir a la catequesis en la parroquia? ¿No sería más justo que los católicos financiaran directamente su Iglesia, en vez de extraer los fondos de las arcas del Estado? La contribución a la Iglesia en la Italia de hoy es de alrededor de 6 millones de euros al año.

—Prácticamente todos contribuimos a su financiación, ¡incluido el que no cree y hasta la critica! No lo encuentro muy justo...

—Es parte de un sistema consolidado en el que partidos, sindicatos, industriales y organismos de información se benefician de financiaciones a fondo perdido, gracias a las leyes a su favor que aprueban los diputados que ellos mismos han contribuido a que se elijan. Se trata de un dinero público, recaudado por las tasas y los impuestos directos e indirectos pagados por cada individuo, que va a financiar las iniciativas de unos pocos grupos, partidos, entidades, sociedades que representan los intereses de determinadas familias, castas, accionistas. Moralmente un engaño institucionalizado; en los hechos, un robo en toda regla.

—¡Qué asco!

—Esto es sólo un aspecto. Date cuenta de que todos estos sujetos dan a entender que actuando de esta manera están defendiendo los intereses «de los ciudadanos», «de la nación», «de la economía»... Piensa qué pasaría si por el contrario tuviesen que vivir de las suscripciones de sus adeptos: ¡desaparecerían la mayoría de los partidos, asociaciones, periódicos y televisiones!

—¿Y nuestros amigos, los individuos anarquistas, cómo se financian?

—Bueno, han sido y son un movimiento pobre, que se financia con las libres suscripciones, practicando la autogestión. Esta falta de medios les pone en condiciones de inferioridad material con respeto a cualquier otro movimiento, partido o sindicato. Es fácil poseer sedes, publicar periódicos, organizar mítines, ocupar espacios públicos, tener visibilidad, estar presente en el territorio, en los puestos de trabajo, si se dispone de las contribuciones estatales. Los anarquistas suplen la falta de medios económicos y materiales con una ética en la militancia que los hace mucho más fuertes, acostumbrados a contar con sus propios esfuerzos, a no perseguir dobles fines, a no depender de nadie.

—¿Es verdad que algunos anarquistas robaban para financiar su movimiento?

—Sí, aunque no ha sido un fenómeno difundido. En el curso de la historia ha pasado, muy probablemente en alguna parte sigue pasando. Estos grupos o individuos practican no tanto el hurto como la expropiación, para mantener con vida publicaciones, iniciativas, sedes, a costa de los ricos o de los bancos, para reunir el dinero necesario. Lo compartamos o no, no encuentro nada reprochable en este método, ya que su condición es que las riquezas acumuladas que se recuperan sean de origen furtivo. Sin contar con que en muchísimos casos, históricamente conocidos, este dinero ha sido distribuido entre los pobres y las víctimas de la prepotencia estatal y capitalista.

—¿Lo que dices vale también en el caso de robos a bancos?
—Sobre todo. Los bancos representan una forma de acumulación del poder, no solamente el económico. Son propietarios de bienes de todo tipo: pisos, industrias, sociedades. Controlan la economía, condicionan las políticas de los Estados; con las reglas actuales de la financiación mundial son uno de los elementos de dominio planetario del capital. Su ética está representada por el dinero y el poder, su práctica se dirige hacia el chantaje y el abuso de poder. Bertold Brecht, un dramaturgo alemán de la primera mitad del siglo XX, justamente decía que el verdadero ladrón no es el atracador sino el propio fundador del banco. Los bancos han arruinado y siguen arruinando a millones de individuos, no solamente a sus clientes sino también a todos los que son golpeados indirectamente por sus iniciativas.

—¿Y en la sociedad anarquista qué pasará con el dinero?
—El dinero será abolido, se instaurará un sistema en el que no se sentirá la necesidad de acumular objetos, bienes y dinero para poseerlos, porque se les dará a todos la posibilidad de usar las cosas, lo cual eliminará la acumulación de tipo privado que hoy está en el origen de las injusticias. En la sociedad igualitaria, al tener cada uno la posibilidad de satisfacer sus necesidades, la propiedad privada ya no tendrá ningún sentido, acabará toda posibilidad de hacerse rico, digamos que a nadie le interesará serlo. El dinero que hoy determina

posiciones de poder y privilegios y, consecuentemente, de sumisión y pobreza, no tendrá razón de existir; tampoco los bancos. En este tipo de sociedad todo será más simple; ponte a pensar en cuántos objetos de consumo son inventados hoy en día, producidos y comercializados para una franja reducida de población acomodada. Los coches que corren a 300 km por hora, los pisos de lujo, trajes caros, joyas, accesorios cuyo coste es un despropósito, perderán todo valor, todo interés. La vida volverá a ser normal una vez librada de los impulsos egoístas de una sociedad productora de mercancías, que ha mercantilizado nuestra propia existencia para poder ejercitar sobre ella el más retorcido de los controles. Y no creas que una vida así será peor: todo lo contrario. Eliminada la esclavitud inducida por el sistema capitalista, será mucho más rica en cuanto que la satisfacción individual, la plenitud de ser, el gozo de la libertad, la felicidad de vivir podrán por fin sustituir a la satisfacción material. Ya no se vivirá la vida en contra de otros, simplemente por afirmar la codiciosa individualidad; será una vida vivida con todos los demás seres, en el esfuerzo común de hacer real la sociedad que más se acerque al ideal de igualdad social.

—¿No te parece un poco demasiado simplista tu descripción? ¿Casi como una vida de cuento?

—Tienes razón, lo es. En realidad la vida está hecha de relaciones muy complejas. Cuanto más largo el radio de acción (del bloque de edificios al barrio, de la ciudad al campo, de una región al mundo entero) más las cosas se complican. Pero no creas que en la sociedad liberada todas las soluciones adoptadas por el individuo y el resultado de su experiencia, de la investigación, de la inventiva, de la fantasía, del estudio, decaerán automáticamente.

No pienses que serán abolidos las tecnologías y todos los instrumentos que hoy sirven para poner en relación a las personas con los territorios, solucionando los problemas complejos. No, simplemente estas cosas serán redimensionadas, de manera que se reduzca la esclavitud del trabajo, que genera su función enajenante. Lo que es necesario se irá colectivizando, gestionándolo de manera totalmente diferente a través de las asambleas, los espacios de encuentro donde confluyen todos los aspectos de la vida social para ser debatidos, encontrando soluciones a problemáticas como la economía, la ecología del territorio, las relaciones. A través de la estructura federal de la sociedad estos instrumentos serán puestos al servicio del ser humano, mientras que hoy están al servicio del capital, de las multinacionales, de los ejércitos, y son gestionados de manera jerárquica y selectiva. La tecnología perderá su función de instrumento de control. Quien se encargue del funcionamiento de servicios, de los medios útiles a la colectividad, tendrá una responsabilidad importante porque podrá tomar parte, de manera consciente, en las decisiones, dejando de ser un número, una pieza del engranaje; esto traerá un nivel más alto de implicación, una mayor motivación en los individuos, dándonos la posibilidad de comprender el funcionamiento de los mecanismos que regulan nuestras actividades. Hoy pasa al revés, sólo tenemos desinterés y desmotivación, que se mitigan con el dinero, con la promesa de unas ganancias, no cuentan las funciones desarrolladas. Lo que hoy logra hacer menos complicado el sistema de interrelaciones, en una pequeña aldea como a nivel planetario, mañana será gestionado de una manera novedosa, pudiendo modificarse, mejorarse o incluso abolirse, según las exigencias de la sociedad.

—¿No piensas que internet es hoy por hoy un factor que permite una comunicación entre las personas que es muy similar al modelo anarquista, sin gente que controle o que censure, que se interponga?

—El concepto de red es un concepto libertario, no tiene centro pero sí muchos nodos conectados entre sí. Internet tiene unos límites, ya que es incontrolable y por eso manipulable por el poder. Es un instrumento que, claramente, en una sociedad no jerarquizada favorecería la comunicación y la circulación de documentos en un breve espacio de tiempo, por eso es capaz de asegurar una forma de participación sin delegación. Hoy hay quienes mitifican internet creyendo que es posible producir un cambio en la sociedad con la mera herramienta tecnológica. Por su capacidad de conectar todo de manera horizontal se imagina que quizás pueda ir sustituyendo a estructuras como los partidos y los gobiernos. Se trata de un grave error de visión.

Si por un lado es indiscutible que internet es un instrumento extraordinario, también es verdad que tiene que ser valorado por lo que es, una herramienta más. Facilita las búsquedas, los contactos, los intercambios de todo tipo, pero hay que utilizarla con conciencia crítica. Por ejemplo hay que saber cribar todas las informaciones que circulan por internet, admitiendo que se tenga el tiempo de leerlas todas. También hay que considerar que tiene que ser una tecnología al servicio del ser humano, sin substituirlo, sin que tampoco éste se preste a todo lo que la tecnología le pide. Hoy en internet están en juego muchos intereses, y como puede ser útil a cualquiera, también es útil al capital, a las fuerzas militares. ¿Sabes que nació como una tecnología militar antes de difundirse a otros campos?, con todas las posibilidades de contaminar, explotar, falsificar que esto trae. ¿De verdad crees que las grandes empresas que programan ordenadores, que son la cúpula del capitalismo mundial, querrán hacer realidad una «máquina» que conllevaría la destrucción del propio capitalismo?

Me gustaría que te fijaras en como de grande es el riesgo, especialmente para la juventud, de que confundan el mundo de la red con el real, aislándose en él, encerrándose en casa, aumentan las dificultades de comunicación con los demás exponencialmente, pegados a una pantalla, pasivos, reproduciendo el vacío creado en otras generaciones por el medio televisivo, con el agravante de que en este caso están convencidos de estar participando, de ser sujetos activos. Pero nunca se podrán sustituir las verdaderas relaciones humanas, las palabras, las caricias, las miradas.

—Pero hoy no podríamos vivir sin ella.

—Precisamente esta convicción me parece una señal de peligro. Hay que saber vivir sin ella, en el sentido de que hay que saber comunicarse dentro y fuera de la pantalla, apreciar los libros, vivir la vida, tener contacto real con los seres humanos, con sus ritmos, aunque sean lentos. ¡Mejor si son lentos! Podemos utilizar todos los instrumentos que nos ayudan a vivir mejor mientras lo hagamos con sentido crítico. Al mismo tiempo tenemos que descubrir que una vida sin teléfono o internet es posible, que precisamente tal vida abre nuevas perspectivas a las relaciones humanas. Más de la mitad de la población mundial vive sin ella, tal como lo hacíamos hace pocos años. Es importante saber calcular sin tener que recurrir a la calculadora, por mucho que lo haga mejor por ser más rápida. Las máquinas tienen que ser soportes, si esto no se comprende, es fácil pasar de ser un usuario a ser utilizado, sin darse cuenta.

—¿Podemos volver al discurso de la utopía?

—Por supuesto, y volvamos también a España, la de 1936. Durante la revolución los ferroviarios tomaron los ferrocarriles y los autogestionaron. ¿Qué significó? Que continuaron con su oficio, sólo que su implicación estaba al servicio de la colectividad en su conjunto, ya no al de unos pocos. Y bien, no sólo los trenes siguieron funcionando normalmente sino que el servicio mejoró en calidad, se abolieron las discriminaciones que lo caracterizaban, por ejemplo los vagones de diferentes clases, los precios de los billetes.

—¿Como los ferrocarriles, también las otras actividades se mantendrán con una gestión diferente?

—Sí, pero cambiando los objetivos y los usos. Piensa en la vergüenza actual de millones y millones de personas que en muchas partes del planeta no tienen acceso a los cuidados médicos, mientras unos pocos ricos van a clínicas privadas donde tienen a los médicos a sus pies. Piensa en todo lo que podrá hacer la medicina y la ciencia una vez desancladas de las leyes del provecho, de las ganancias; porque hoy no se tienen en cuenta las necesidades reales, al contrario: se crean necesidades para vender productos. Se continúa explotando la tierra como si tuviera recursos ilimitados; es una carrera hacia el suicidio movida por la voracidad capitalista. Piensa en cuántos recursos absorben la industria militar, la investigación científica con fines bélicos, o la construcción de centrales nucleares, a menudo estrictamente conectadas con la industria militar, inseparables de la política de militarización del territorio. Todos ellos son recursos que podrían ser liberados y puestos a disposición del bien común, con el fin de aniquilar enfermedades, de extender a todos los seres el derecho a la salud. Se alcanzarían nuevas metas científicas para cosas realmente útiles, como la prevención de los terremotos, la seguridad en la construcción de edificios, los medios de transporte, el restablecimiento del equilibrio ecológico del planeta, la solución del problema de los residuos... todo bajo el lema de la autogestión, de la justicia social, sin que la participación directa de las personas conlleve su explotación o la de otros.

—¿No te parece una presunción eso de tener una solución para todo?

—No estamos hablando de marcianos, sino de seres de carne y hueso, con aún más energías que antes para enfrentarse a la vida con todas sus consecuencias, prácticas y teóricas. En este sentido el anarquismo es una alternativa global al sistema en vigor.

Antes, en lo que te ha parecido una descripción de cuento, simplemente he querido exponerte algunas condiciones generales para hacerte comprender el principio de fondo a la hora de enfrentarse a toda una serie de problemáticas específicas. En este contexto serán los propios individuos, los que contribuyen a modificar la actual sociedad en una basada en los principios de libertad y de igualdad, quienes van a hacer derivar las cuestiones más generales en situaciones particulares. Puede que difieran según el contexto, pero todas convergen en el mismo objetivo, realizar la armonía entre los pueblos a través de una participación directa que implica a los individuos en el conjunto de una red de realidades autogestionadas a partir de núcleos muy pequeños, desde los habitantes de una casa hasta el nivel confederal. Una red compuesta por delegados con un mandato ejecutivo; la delegación es revocable en cualquier momento, emana directamente de las estructuras de base. Se trata de una apuesta en la que la espontaneidad y la creatividad tienen un rol importante. Podrán darse «soluciones técnicas» diferentes de una zona a otra. Habrá comunidades que impriman cheques que valgan de instrumento para disfrutar de los bienes comunes; otras comunidades quizás liguen la posibilidad de disfrute de los bienes comunes al volumen de trabajo realizado, con excepciones para menores, ancianos o enfermos; la única condición será la satisfacción de las necesidades individuales.

Teniendo en cuenta que no todas las sociedades partirán de los mismos puntos por razones geográficas, climáticas o físicas, que algunas tendrán abundancia de materias primas, mientras las otras no; o la posibilidad de producir alimentos que otros territorios no tienen. Serán el apoyo mutuo y la solidaridad lo que defina las relaciones entre ellas. La cosa más importante es que las variadas soluciones que se adopten, desde las más simples a las más complejas, reciban el consentimiento necesario, la aprobación de los que están directamente interesados. En resumen, que las soluciones no caigan desde arriba, impuestas; hay que respetar el principio de que la última palabra siempre es la expresada por la asamblea local.

—¿Y si alguien no está de acuerdo, cómo lo haremos?

—La sociedad antiautoritaria se basa en saber que todas las personas pueden tener intereses, ideas o comportamientos diferentes. Las asambleas representan el lugar donde estas diversidades se confrontan y en el cual los objetivos particulares se encuentran con los generales y viceversa. Si, no obstante, alguien no compartiese las direcciones adoptadas de manera general, se le dará la posibilidad de actuar a su manera, siempre que sostenga su acción sobre sus propias fuerzas, que no explote el trabajo de los demás y no busque situaciones de privilegio respecto a los demás. Con dicha persona se adoptará un método y unos principios libertarios. Como ves no será alejada, estará en condiciones de cambiar de idea cuando lo desee. Esto valdría tanto para los individuos como para los grupos.

—Entonces se podrá elegir estar en minoría.

—Bueno, podría ocurrir que sean los demás los que cambien de idea. Los conceptos de minoría y mayoría perderán el sentido que se les atribuye en la sociedad democrática contemporánea. Hoy la mayoría, en todo caso la que es resultado de los ritos electorales, asume automáticamente el poder; mayorías, absolutas o relativas, gobiernan e imponen leyes a todos. Es más, por otro lado existe esa minoría, los elegidos en el parlamento, que dicen representar a la mayoría de la población, de ella emanan leyes y directivas para los representados, y la gran mayoría de la población no puede hacer nada para cambiarlas cuando no las comparten. Los mismos referéndums no son otra cosa que una delegación al parlamento para que revise o rehaga leyes que la respuesta a las urnas debería abolir. La voluntad de la casta de los representantes siempre ha de respetarse y los diferentes ritos electorales nunca ponen en discusión el mecanismo, a lo sumo se llega a discutir el tipo de gestión a llevar a cabo.

—Pero cuando algo ha recibido el voto de la mayoría, claramente no puede ser la minoría la que decida.

—Este no es el quid de la cuestión. En esencia nadie puede establecer quién está en lo justo y quién se equivoca. El factor numérico no es la garantía de esto. Es un hecho que las minorías han luchado por causas justas, que han logrado convencer a los demás de sus razones. Pero además, quien tiene el poder tiene también los instrumentos para manipular la opinión pública construyendo consensos mayoritarios. Siempre ha sido así, y hoy con más razones. Este sistema penaliza la libertad de expresión individual, desactiva a los individuos que no comparten las decisiones del sistema. Piensa en todas las barbaridades que se han decidido realizar a golpe de mayoría parlamentaria: guerras, impuestos, subidas de precios, proyectos contaminantes... A los que no estaban de acuerdo no les ha quedado más que la oposición en las plazas, la objeción de conciencia. El acto de protesta, individual o colectiva, en la práctica ha sido substraerse del juego democrático parlamentario. No siempre (casi nunca) aquella mayoría tenía razón.

—Sólo queda la solución anarquista ¿verdad papá?

—Es la solución fundada sobre el máximo respeto de todas las individualidades, de todas las posiciones: que tienen que encontrar su justa colocación y su justo espacio. Ciertamente, en este tipo de sociedad ideal no se abolirá el conflicto, no habrá un atontamiento general, sino que cada duda planteada se encauzará de manera constructiva, cada divergencia contribuirá a estimular la búsqueda de lo mejor y hará vivaz y rica la discusión. La anarquía se pondrá a prueba más por los disensos que se encontrarán que por los consensos. El clima de libertad favorecerá la confrontación. Si la diversidad se transformara en conflicto, será la capacidad de gestionarlo lo que defina el éxito y el resultado del experimento social.

—Y dime ¿también en la sociedad anarquista habrá prohibiciones, cosas que no se podrán hacer? ¿Cómo se harán respetar, quién se ocupará de controlar, cómo se actuará hacia quienes cometan transgresiones?

—En estas discusiones hay que esforzarse por ver el futuro de una manera diferente de como vemos hoy en día el mundo que nos rodea. Pensando en esto y en cómo tendría que ser, había un lema en el '68 que decía «prohibido prohibir», se refería al sistema de la época y sintetizaba el espíritu con el cual se acercaban al tema. Máxima libertad, pero también máxima responsabilidad. Muchas prohibiciones vigentes hoy en día están estrictamente conectadas con la sociedad en la que estamos obligados a vivir. Piensa en la absurda prohibición de circular por el territorio que se impone a los migrantes, que los convierte en clandestinos, seres privados de derechos, que les obliga a emprender viajes de alto riesgo. O en la prohibición de entrar en una «propiedad privada», que puede ser una calle, un jardín, un patio, un bosque. Luego están las prohibiciones morales, igualmente pesadas, como la prohibición a la juventud de tener sexo antes del matrimonio promulgada por la Iglesia. Vivimos un verdadero ensañamiento represivo, que lleva a la encarcelación de quien roba un paquete de galletas, mientras los grandes ladrones de las sociedades financieras y multinacionales, que dejan en la miseria a millones de familias, se salen con la suya.

Pongamos otro caso de prohibición. Está prohibido violar, obligar a una persona a yacer con otra. ¿Por qué un individuo debería obligar a otro, con la fuerza, a ceder a sus deseos sexuales? Una sana educación sexual, un dominio sereno y libre del propio cuerpo y de sus impulsos es suficiente para conducir, controlar, autogobernar tus deseos expresándolos libremente. En la sociedad liberada la mayoría de las prohibiciones actuales ya no tendría sentido porque sus presupuestos ya no se aplicarían. La educación burguesa, sexista, la pobreza, los privilegios, el concepto de propiedad privada, podríamos seguir así hasta el infinito. Cualquier tipo de restricción tendría que ser objetiva y obvia; en cuanto a la libertad de cada uno, debería conectarse con la libertad de los demás, sin entrar en colisión, sino realizándose en ella y completándose con ella.

—Entiendo. Pero pon que a pesar de eso alguien lleva a cabo un robo o que haya un asesinato.

—Vamos a verlo, pero antes que nada digamos que las soluciones actuales no resuelven ninguno de estos casos. Hoy se impone una pena carcelaria, se castiga al reo, dejando que las causas que han permitido que se cometa este delito sigan sin evitarse y continúen influyendo sobre las personas. Se pretende que el condenado cambie en virtud de la pena que se le ha infligido, pero en la gran mayoría de los casos mantendrá intacta la idea de que lo que hizo tenía que hacerse. Además le ponemos en un lugar, la cárcel, donde rige una limitación casi absoluta de la libertad, donde el individuo no podrá sino cultivar rencor y odio. Se encuentra codo con codo con otras personas frustradas, reprimidas, en un ambiente en el que se sedimentan los sentimientos de venganza (obligan las condiciones objetivas), de degradación humana y social, que conducen a llevar a cabo determinados delitos. La cárcel pues, no sólo no es la solución, sino que a menudo representa un empeoramiento. Cuanto más se endurecen las penas, el crimen se hace más atroz, se especializa. Ni la amenaza de la pena de muerte, ni un redoblamiento de las fuerzas policiales ha resuelto nunca este tipo de problemas.

La primera cosa que la sociedad anarquista hará será abolir las cárceles y las estructuras de segregación, incluidos los manicomios, los centros de vigilancia, de acogida, de permanencia. Cada desviación eventual será asumida junto a su causa social, será examinada para separar la causa, ya que será considerada el efecto de un malestar, algo que no funciona correctamente en nuestra sociedad.

—¿Habrá tribunales?

—No, la sociedad se organizará alrededor de estructuras de base, asamblearias, de municipio o territorio, se basará en formas asociativas libres enfocadas a la colaboración recíproca, guiadas por una ética positiva. No será una sociedad que, a falta de las instituciones que conocemos, se encontrará a la deriva. Las nuevas estructuras identificarán el modo de enfrentarse a cada problemática, también elegirán a los individuos aptos para facilitar una tarea. Esta consistirá mayormente en la reeducación del sujeto, en su inserción en la sociedad, en hacerlo consciente, a través de una intensa reflexión, del gesto realizado. Esto podrá lograrse a través de su implicación directa en actividades relacionadas de alguna manera con lo que ha hecho, por ejemplo, si ha destruido una casa, en la actividad de reconstrucción; si ha herido alguien, cuidando de los enfermos en una estructura sanitaria. Se le respetará como individuo, se dialogará con él, intentando hacerle ver cómo su comportamiento le perjudica a él y a la sociedad, mientras dispone de muchas maneras diferentes para resolver problemas.

Yo pienso que superada la primera fase, que será una transición entre la anterior y la nueva sociedad, donde seguirá habiendo muchas contradicciones y malentendidos, el problema será poco a poco superado. La sociedad se preparará para resolver todo tipo de actitudes residuales y perjudiciales de la mejor manera, sin utilizar métodos represivos. El diálogo con los sujetos interesados, las decisiones en común, sustituirán lo que hoy sigue siendo la ley del más fuerte.

Por eso en esta comunidad ideal se seguirá luchando para resolver problemas, no será la conclusión de la historia, sino un nuevo paso. Cada curiosidad y deseo, incluidas las controversias relacionadas con diferencias de opinión, todo será bienvenido, porque contribuirán a hacer más completa la nueva sociedad, una sociedad en continuo movimiento, no estática, incompleta, proyectada hacia la realización de objetivos con resultados verdaderamente extraordinarios, al servicio del ser humano y del ambiente en el que vive.

Un escritor latinoamericano, Eduardo Galeano, ha escrito a propósito de esto lo siguiente: «la utopía es como el horizonte, camino dos pasos y se aleja dos pasos. Camino diez pasos y se aleja diez pasos. Y entonces ¿de qué sirve la utopía? Para esto: sirve para seguir caminando». La sociedad anarquista seguirá cultivando sus sanas utopías, porque son el fluido vital que permitirá a los individuos no acomodarse, encasillarse, pararse. Y ojalá que no se llegue demasiado tarde.

—Entonces la diversidad de opiniones, de ideas, ya no será un factor negativo, sino que asumirá según tú un carácter completamente opuesto: constructivo.

—Quiero que te fijes en una cosa: a este concepto le viene como anillo al dedo un antiguo refrán popular que muestra toda la sabiduría del mundo campesino y pobre de hace un tiempo, un mundo genuinamente anclado a la filosofía que nace de los sufrimientos y la experiencia secular del hombre.

—¿Un refrán siciliano?

—Sí, siciliano, pero probablemente también, chino, ruso, africano, que dice: «Pietra smossa nun pigghia lippu», sobre la piedra que se mueve no crece musgo. Todo lo que está vivo no se atrofia, el musgo crece sólo en las piedras inmóviles. Una sociedad, o un individuo, nunca tienen que dejar de pensar, de vivir de manera intensa, si no estás muerto. Es un concepto que demuestra hasta qué punto la idea de la sociedad anarquista está ligada a la cultura popular. El Estado, todo poder, busca nivelar el cerebro, bloquear el pensamiento, impedir la libertad de expresión, dirigir las energías de la sociedad para explotarlas en relación con sus objetivos o directamente apagarlas. Y para demostrarte la universalidad de este pensamiento profundamente revolucionario, que sepas que entre los nativos americanos se afirma «el musgo no crece sobre la piedra que rueda», prácticamente el mismo concepto de sociedad dinámica que expresa nuestro pobre campesino.

—Papá ¡Los Rolling Stones!

—Así mismo: *las piedras que ruedan*, hemos dado la vuelta al mundo con un refrán.

—¡A propósito del mundo! Has hablado de diferentes sociedades y pueblos, ¿pero el anarquismo no debería transformar el mundo entero en una única sociedad, todas las comunidades humanas en un sólo pueblo, eliminando las diferencias y las tensiones?

—Una de las canciones más de moda del repertorio anarquista italiano dice «Nuestra patria es el mundo entero, nuestra ley la libertad», porque para los anarquistas las fronteras no tendrían que existir, ya que han sido y son causa de conflictos, guerras sangrientas, odios raciales, con ellos pasta el monstruo conocido como el Estado. Cuanto más se dividen los pueblos chocando para reivindicar pedazos de tierra y riquezas a éste o aquel Estado, o para afirmar un nacionalismo en contra de otro, más garantizan su predominio social los enemigos de una y otra parte. Las fronteras son las divisiones artificiales requeridas por las sociedades autoritarias, por los Estados, para definir posesiones y territorios sujetos a una jurisdicción u otra. Por este motivo no hay fronteras que no hayan sido manchadas de sangre, que no sean el resultado de guerras en las que pobres contra pobres se matan por la falsa idea de la patria. La patria sería el territorio que está dentro de una determinada frontera, gobernado por un Estado; la patria se distingue por una pretendida diferencia en comparación con las demás patrias, pero en el amor patrio se esconde el fuego de la agresividad, listo para explotar en el momento oportuno.

Te pongo un ejemplo banal, al parecer inocente: la pasión deportiva. En este ámbito el concepto de patria está claramente conectado con el de superioridad y racismo, el patriotismo degenera regularmente en una forma muy peligrosa de manifestación de la supuesta diferencia propia. No hay fronteras ni hay patrias sin ejércitos, sin armamentos, sin los preparativos cotidianos para las guerras, las inversiones y las sumas enormes de dinero para potenciar el arsenal. Aquí tienes el porqué de que los anarquistas estén en contra de las fronteras, en contra del concepto de patria como emanación que es de los Estados, la fachada de su violencia. Lo cual no quiere decir que los anarquistas estén a favor de la uniformidad de todos los pueblos de la Tierra. En virtud de los procesos históricos en los que se han formado y de las diferentes condiciones ambientales, las poblaciones han asumido y siguen asumiendo características diferentes entre sí, y no sólo las particularidades lingüísticas, las costumbres, la cultura, o incluso las concepciones del mundo. Estas diferencias, que precisamente nos hacen hablar de *los pueblos de la tierra*, representan la mayor riqueza de la raza humana.

—¿Pero tú crees en la existencias de las razas?

—No, yo he hablado de *raza humana*, la humana es sólo una, los pueblos que la componen son muchísimos. Esta diversidad necesita salvaguardarse en un marco de hermandad y relaciones volcadas en la solidaridad y el apoyo mutuo. Los idiomas, las culturas, las experiencias de los pueblos son la fuerza vital que enriquece a la humanidad; uniformar toda la humanidad sería un delito monstruoso. La historia humana nos enseña además que los pueblos nunca han estado parados, siempre han estado en movimiento, obligados por acontecimientos climáticos o por fenómenos conectados con las políticas de dominio de los Estados, por las necesidades alimentarias que surgen o simplemente por la actitud de cambio que produce moverse. Los pueblos actuales, salvando unas pocas realidades como las de la Amazonia o las de ciertas áreas de África y Asia, son el producto final de innumerables contagios lingüísticos, culturales y físicos.

Es un fenómeno que nunca acaba, como muestran los actuales flujos migratorios del sur del mundo hacia los países occidentales. Cada contagio nos enriquece y hace florecer experiencias y realidades siempre nuevas y diferentes. Las fronteras son una invención de las instituciones autoritarias que gobiernan los pueblos. Las barreras naturales deberían sustituirlas, lagos, ríos, cadenas montañosas, mares; cada uno debería ser libre de cruzarlas y de alcanzar las tierras que están al otro lado. En el futuro utópico hacia el que tendemos la libertad de movimiento y de circulación estarán garantizadas para cualquiera, incluso serán auspiciadas, porque sólo el conocimiento, el encuentro, la experiencia en común acaba con las divergencias, una apertura hacia el otro, hacia todos los factores que hacen al árbol humano crecer más sano y robusto.

—¿Pero tal diversidad puede que provoque desavenencias incurables?

—Ese es un riesgo que hay que correr. Mejor enfrentarse a eventuales desavenencias que aceptar divisiones diseñadas por otros. No se construirá un mundo nuevo entre hoy y mañana, ya lo hemos dicho. Será el resultado de experimentaciones y experimentaciones, de intentos sobre intentos, de errores también, pero si no fuera así sería un problema. A partir de los experimentos y los errores se aprende a mejorar y a mejorarse. Eliminando uno de los elementos de la discordia como es el patriotismo (aunque hemos visto que existen muchos más, la propiedad privada en primer lugar); sustituyéndolo por el amor hacia el propio territorio vivido como el respeto hacia la Tierra (de la cual vivimos), se acabará con la causa de las desavenencias incurables que cubren de sangre la humanidad.

Y ahora, déjame preguntar: ¿qué ha de poner a un campesino siciliano en contra de un chino? ¿Por qué motivo deberían odiarse, combatirse? ¿Por causa de qué valor más alto que la vida tranquila en el campo junto a sus seres queridos? ¿Deberían elegir dejar afectos y actividades para matarse el uno a otro? Cada vez que esto ha pasado ha sido por el odio transmitido desde los Estados, impuesto por los chantajes de los amos y de los ricos burgueses. Si no hubiera sido así cada cual habría vivido su vida, habría visto al otro como un ser similar; y si algún día se hubiesen encontrado, el idioma diferente no hubiese representado un elemento de incomprensión, habría sido un factor de curiosidad y acercamiento. Con una azada en la mano y un trozo de tierra, ambos se habrían comprendido perfectamente.

—Pero ya que la anarquía no se realizará simultáneamente por todo el mundo, pongamos por caso que en una región se esté experimentando una fase ya avanzada, mientras en muchas otras aún no, pongamos que hacia allí se mueven los Estados para derrotar a la región, ¿cómo se defendería la región anarquista? ¿Constituirá un ejército propio para defender sus fronteras?

—¡Buena pregunta! Claro que tendrá que defenderse, pero no tendrá que hacer otra cosa que aplicar sus principios a las circunstancias. Como ha pasado en otras ocasiones, siempre pensando en España, en 1936, o en Ucrania, en 1917, se dará vida a un ejército que no es un ejército.

—¿Un ejército que no es un ejército?

—Un agrupamiento de voluntarios, todos igualmente implicados, participantes en elecciones estratégicas por las que se asignan delegados, que corresponden a los oficiales de hoy en día, sin roles de tipo técnico o que estén relacionados con competencias específicas en el plano militar, un mandato del que tienen las llaves los propios voluntarios, que pueden revocar en todo momento. Este ejército no es un ejército, porque los soldados no son tales, no hay jerarquías. Es la milicia del pueblo, para referirnos a la experiencia española que en la historia moderna es la que más se ha acercado a construir una sociedad sin Estado, es el propio pueblo en armas.

—¿Incluso si disparan como los otros ejércitos?

—Obligado a esta elección a raíz de la agresión sufrida, el pueblo defenderá sus conquistas y atacará si lo considera necesario. Pero la suya no será una guerra como las otras, no habrá hecho del culto a las armas su propia razón de ser, ni de la guerra un trabajo. Los anarquistas son incansables adversarios de todos los ejércitos, en cuanto estos representan la máxima anulación del individuo, la función suprema de la jerarquía, la esencia de la violencia ejercitada de manera indiscriminada y al servicio de los más fuertes.

—Comprendo... Papá estoy un poco cansada... ¿Qué te parece si seguimos con esta conversación mañana?

—Claro que sí, ahora vete a dormir, que te he llenado la cabeza de discursos. ¡Buenas noches!

# III

# Mañana

—Hola papá. ¿Sabes?, esta noche he tenido sueños agitados. Se me solapaban pensamientos, palabras, imágenes de revueltas, discusiones con gente que no estaba convencida de las ideas anarquistas y yo intentaba explicárselas.

—Se ve que te has implicado en el discurso de ayer por la noche. Me alegra.

—Pero todavía no puedo decir que tenga las ideas del todo claras. Hay cosas que me gustaría que me aclararas.

—Pregunta, soy todo oídos.

—La primera se refiere a los anarquistas de hoy en día. ¿Cómo puede un/una anarquista vivir en la sociedad actual? ¿Por qué, en vez de aceptar compromisos, no se va lejos, quizás a un lugar aislado, y allá empieza una vida totalmente libre?

—Porque sería una huida. El/la anarquista en primer lugar es un ser subversivo, subvierte el orden dominante; su rol encuentra sentido en el interior de la sociedad, entre los hombres y las mujeres que sufren la explotación y la opresión. Irse significaría intentar cambiar la propia vida dejando que el sistema siga su curso, no sería para nada coherente. Irse en vez de continuar la obra de difusión de sus ideas, de promover la participación directa de las personas para la resolución de los problemas, de sembrar la semilla de la rebelión. Todas estas cosas yéndose no podría hacerlas.

—Pensaba que si un cierto número de individuos anarquistas se juntasen, podría experimentarse también un tipo de comunidad donde aplicar sus ideas y demostrar que el anarquismo es algo posible.

—Muchos han tenido pensamientos similares a los tuyos, estos mismos han intentado concretarlas con resultados más o menos apreciables. La experiencia comunitaria acompaña la historia del movimiento anarquista desde sus orígenes, todavía una de las expresiones del variado mundo es entender y practicar el anarquismo. Naturalmente hay ejemplos de comunidades que surgieron justo como tú dices, lejos del mundo civil. La más famosa es la Colonia Cecilia, surgida en Brasil en 1890 por obra de un grupo de anarquistas italianos; con la puesta en común de los bienes, el trabajo colectivo y el «amor libre», intentaron realizar en la región de Paraná un experimento de «ciudadela anarquista». Más o menos un año después la colonia desapareció, se la llevaron por delante las discusiones, los celos, las dificultades de practicar los ideales que habían movido hasta Latinoamérica a los promotores junto a todos cuantos se unieron después, un total de 150 personas. A *la Cecilia* la mataron la inmadurez que emergió frente a los hechos, el aislamiento del mundo real, las relaciones con el contexto situacional, todas las dificultades objetivas de un experimento en esa tierra difícil.

Se hicieron muchos más experimentos, muchos más siguieron. Se trata de comunidades insertadas en un contexto social, en las ciudades o de cualquier manera en contacto con el mundo, implicadas a menudo con las luchas del movimiento. En cuanto a la experiencia de la Colonia Cecilia, no se proponían fundar una sociedad anarquista en miniatura, sino resolver el problema de la supervivencia en esta sociedad a través del apoyo mutuo, de la autogestión, construyendo relaciones igualitarias, solidarias como en el caso de las viviendas compartidas, Urupia en Apulia, Christiania en Dinamarca. En Copenhague se han desarrollado numerosas comunidades anarquistas.

—Me gustaría visitar alguna, algún día. Volviendo a esa mayoría de anarquistas, los seres que no eligen la vida en comunidad, ¿cómo hacen para soportar la autoridad? En resumen, si viven en este sistema, ¿no están obligados a continuos compromisos, a mil contradicciones?

—Está claro que sí, vivir en la sociedad actual significa soportar todas las contradicciones de la relación con el sistema, tener que llegar a compromisos, limitados pero obligados, estar metidos en una dinámica de conflicto con uno mismo y con los demás, intentar no bajar nunca la guardia. Al mismo tiempo el/la anarquista puede mostrar su diferencia y su anticonformismo de mil maneras.

—¿Sin chocar con los demás o con las autoridades?

—A veces chocando, otras no. En la educación de los hijos y de las hijas, en las relaciones con los seres queridos, entre compañeros/as, la persona anarquista claramente pone en práctica sus ideales. En el caso de la educación, los anarquistas han permanecido muy atentos, han puesto en práctica y elaborado métodos pedagógicos antiautoritarios que todavía hoy están reconocidos como los más respetuosos. Un anarquista no trata a los niños y a las niñas como seres incapaces o lisiados mentales, sino como a individuos que han de ser escuchados, con los que hay que mantener siempre un diálogo abierto, que tienen que ser ayudados a crecer siendo responsables de sus acciones, sin imponerles tabúes o humillaciones. En esto la persona anarquista puede ser la constructora de un clima de libertad, incluso si sus hijos/as, antes o después, van a verse obligados a soportar la educación autoritaria.

El/la joven, cuanto más se haya enfocado la relación con sus seres queridos en clave libertaria, más capaz será de defenderse de la arrogancia de la sociedad, y mejor difundirá su modo de ver las cosas al vivir su vida. Las experiencias educativas libertarias no confían sólo en los libros, sino también en la experiencia concreta, que se funda en su participación en el proyecto educativo mismo, considerando a los niños y a las niñas, a la juventud, como individuos, no como simples usuarios. En la vida familiar, y por familia entiendo cualquier agregación libre, sin esquemas predefinidos sino en virtud del amor libre de individuos, la solidaridad, el diálogo y ponerse todos en un mismo plano, distingue a los anarquistas de los que sufren familias autoritarias en las que rigen reglas absurdas, donde el sexo es un tabú, una palabra impronunciable, un ente misterioso gobernado por la cultura católica.

La persona anarquista sabe distinguirse en todo momento por su ética, no es un trepador social, defiende siempre a los últimos, es solidario, está dispuesto a exponerse por sus ideas, a correr riesgos, puede que a quedarse aislado. Es el precio que se paga por afirmar las propias ideas en esta sociedad autoritaria. La suya es una batalla continua en contra de las ideas dominantes, intentando superar las contradicciones de la convivencia en un mundo del que no comparte la mayoría de las reglas, siendo éstas muchísimas.

—¿Cómo hay que comportarse en estos casos?

—Por ejemplo, una persona anarquista, hombre o mujer, que trabaja como obrero para un propietario o para el Estado, vive la más grande de las contradicciones, la de servir a sus principales enemigos. Se encuentra en una condición particularmente difícil, la única manera que tiene de encontrar el equilibrio entre sus ideas y la realidad es la de entrar en conflicto permanente con sus «empleadores», jugar el rol de sujeto crítico, de quien difunde entre los trabajadores los ideales libertarios tratando de movilizarlos para llevar a cabo las reivindicaciones.

—¿Pero un anarquista puede trabajar para el Estado?

—No hay diferencia entre trabajar para el Estado, para un empresario o desarrollar un trabajo autónomo sujeto a todas las leyes, las imposiciones y las reglas procedentes del gobierno. Para mí la cuestión tiene que plantearse de manera diferente. Muchos detractores de los anarquistas utilizan este argumento como calumnia; para estas personas los anarquistas que trabajan como profesores, como ferroviarios o empleados estatales sólo son unos hipócritas y unos aprovechados. ¿Por qué pienso que el discurso tiene que plantearse de manera diferente? Porque en el centro de estas actividades no está el Estado. El ferroviario, según tú, ¿para quién trabaja? ¿Para el Estado o para los ciudadanos que cogen el tren?

—Pienso que trabaja para los viajeros.

—¿Ves? Entonces, la contradicción se esfuma. Yo creo que hay que contestar a otra pregunta antes de encontrar la respuesta. ¿En la sociedad liberada de mañana dicho trabajo seguirá existiendo? ¿Será útil a la colectividad? Si la respuesta es positiva, entonces quiere decir que este trabajo no es infame, que el anarquista que lo desarrolla no entra en contradicción más que los que desarrollan otros trabajos. La cosa sería diferente si el anarquista trabajase de policía, de empresario, de cura o uno de los muchos trabajos parasitarios que existen hoy; piensa en los burócratas, en los managers, en los recaudadores, en los protectores de los intereses, en los banqueros. Estas actividades tienen un peso negativo sobre la población, sobre la sociedad de hoy en día; hoy están al servicio del dominio, del mantenimiento del privilegio, pero además mañana ya no tendrán ningún sentido, desaparecerán. Este es el método para comprender si una determinada actividad representa más o menos una contradicción.

—Por lo tanto entre los/las anarquistas no hay, no digo ya policías y curas, esto por descontado, sino burócratas y banqueros.

—No hay individuos que exploten el trabajo de los demás, o que sirvan al poder, o que practiquen violencia por éste. Si entre los «explotadores» hubiese alguien con simpatías anarquistas, una persona así no encontraría espacio en el movimiento a no ser que intentara actuar para modificar radicalmente su propia posición. Obviamente nadie, tampoco un/una anarquista, puede prohibirle a otro definirse como tal. Las personas anarquistas tienen la libertad de aceptar en sus grupos a quienes sienten como dignos de su confianza y estima, de negar el ingreso a quien dañaría, con su sola presencia, al movimiento.

—¿Y si esta hipotética persona siguiera definiéndose como anarquista?

—Entre los anarquistas no hay autoridades dispuestas a excomulgar a alguien o a negarle el carnet, porque, además, tales carnets no existen entre ellos. Tomadas las debidas distancias, para el grupo anarquista serían solamente otro movimiento, diferente del suyo, con el que podrán dialogar, comunicarse, debatir o no hacer nada en absoluto. En los Estados Unidos, por ejemplo, hay unos grupos que hablan de un pretendido «anarco-capitalismo».

—¿Anarco-capitalismo?

—Sí, al observador atento no le pasan desapercibidas las diferencias enormes que estos grupos tienen con el anarquismo.

—¿Y qué quieren éstos anarco-capitalistas?

—La definición de anarquistas deriva de la aversión al Estado. El Estado, para éstos, es la negación de todo principio de libertad, propugnan una sociedad sin Estado pero regulada por las leyes de la economía de mercado; quieren entonces una sociedad capitalista liberada de los límites impuestos por las leyes estatales. Por este motivo reniegan de las ideas antijerárquicas e igualitarias del anarquismo, las ideas de justicia social que nos caracterizan, las cuales llevan directamente, no sólo al rechazo del Estado, sino también del capitalismo, la explotación del ser humano por parte de otro ser humano y la de la naturaleza. Como ves están alejados a mil años luz de las ideas de los anarquistas.

—Son anarquistas sólo en parte...

—Yo no los considero como tales. Para mí no lo son en absoluto, la dimensión antiestatal del anarquismo es indivisible de la visión antiautoritaria, igualitaria de la sociedad humana. La misma palabra *anarquía*, que literalmente significa «sin gobierno», tiene que entenderse como la ausencia del principio de autoridad. Niega el Estado, niega el propietario, niega la autoridad en todas sus formas; en su acepción positiva significa sociedad autogobernada, autogestionada, libre.

—Entonces ¿no hay posible confusión entre anarquismo y capitalismo?

—Absolutamente ninguna. Los anarquistas son anticapitalistas porque el capitalismo conjuga todo lo que el anarquismo niega: la explotación del ser humano sobre otro ser, la propiedad privada de los medios de producción, los valores de jerarquía, los privilegios para unos pocos, la devastación ambiental. El capitalismo odia la libertad, a menos que sea la libertad para unos pocos de explotar, oprimir, enriquecerse.

El capitalismo, como el Estado y la religión, son las tres formas del poder: económico, político y moral. Están separados y entrelazados al mismo tiempo, no se puede combatir uno sin luchar en contra del otro. Hoy desafortunadamente el poder de los medios de información en manos de los magnates de la industria y de las finanzas, la escuela y la educación en manos de los Estados y de la Iglesia, tienen manipuladas las mentes y, sobre todo, a las multitudes que viven obedeciendo al sistema, susurrándole a su conciencia la difundida falsedad de que este es el único mundo posible. También el capitalismo y su ideología se fundamentan en esta falsedad: no existen alternativas, Estado y Capital son valores absolutos, se pueden modificar, rectificar, alterar, nunca abolir.

—Me estoy dando cuenta de cuan difícil es construir una sociedad realmente libre. Por eso mucha gente prefiere no plantearse el problema, adaptarse a la vida de todos los días. Resignarse.

—Todo a nuestro alrededor está construido para inducirnos a renunciar desde el principio a cultivar el sueño de un mundo mejor. Nos aconsejan ser «realistas», aceptar el presente como es, buscando en el interior del estado inmutable de las cosas una colocación que pueda satisfacer nuestro deseo de bienestar, utilizando las soluciones propuestas por quienes las confeccionan. Esto no bastará para aplacar el hambre de libertad que se encuentra en el ser humano. Podrá atenuarla, pero volverá a ser más fuerte que antes. Estado, capitalismo, Iglesia, son desproporciones impuestas a la sociedad, a los seres humanos, son contradicciones materiales y morales. Aunque prevalezcan por el adiestramiento de los individuos, nunca lograrán apagar del todo el anhelo de rebelión, la búsqueda de libertad que deriva de ello.

—Uhm, tengo cierto apetito... Me parece que el hambre de libertad se está adueñando también de mi. ¡Empiezo a tener ganas de satisfacerla!

# Anexo

El colectivo en Madrid otra Italia tras la lectura colectiva del texto *La Anarquía explicada a mi hija* ha ido elaborando una serie de dudas en forma de preguntas, que iban surgiendo de esa acción reflexiva. Imitando la forma del diálogo elegida por Pippo, hemos vuelto a proponer al autor nuestras preguntas. Para poder seguir compartiendo, entrenando nuestro pensamiento junt@s.

—Anarquía, anarquismo, comunismo libertario, acracia. Diferentes términos han nacido a lo largo de la historia para definir el ideal anarquista. ¿Qué diferencias hay entre ellos? ¿Conoces otros que puedan definir la galaxia libertaria? ¿Según tu opinión, cuáles entre ellos pueden dar más sentido al ideal utópico de una vida en comunidad, solidaridad y apoyo mutuo? ¿Cuál se podría usar en el título del libro y por qué?

—Todos estos términos, aún sinónimos, son de contenido distinto: anarquía es la sociedad utópica sin autoridad y sin Estado; anarquismo es el pensamiento que define la anarquía y el movimiento que la impulsa; comunismo libertario matiza la faceta antiautoritaria del comunismo, para distinguirlo del comunismo marxista, jerarquizado y dictatorial. Acracia se usa sobre todo en España y es sinónimo de anarquía. De entre todos creo que el término anarquía es lo que más define el ideal anárquico y el tipo de sociedad que proponemos realizar. Por esto he preferido este término para el título del libro. Cuando se grita y se escribe «Viva la Anarquía», está claro que se entiende una sociedad solidaria, anti jerárquica, auto organizada y un movimiento revolucionario que impulsa la acción directa y el apoyo mutuo.

—En el libro se hace hincapié en el concepto de castigo o pena, ligándolo a la estructura política dominante. Sin embargo, ¿no pensáis que su práctica pueda fundamentarse en algo relacionado con la naturaleza del ser humano en cuanto animal social?

—A menudo aparece el concepto de Estado como *Leviatán*, pero no se habla de la otra cara de la filosofía política de Hobbes, la del *homo homini lupus*. Aún si sus teorías desembocan a veces en planteamientos absurdos, ¿se puede afirmar que la violencia es una característica que nace de la reacción al sistema de imposición del poder? O, ¿que sea inherente a la especie humana?

—Desde el nacimiento de cada individuo la naturaleza humana empieza a mezclarse con la cultura de su ambiente social, lo que influye en aspectos muy profundos de su vida; se convive con los condicionamientos sociales. Por tanto las estructuras sociales determinan y condicionan las relaciones entre los individuos y las clases. La contraposición entre la estructura política dominante y una visión antiautoritaria no corresponde a una contraposición simplista entre Autoridad y Naturaleza, es una oposición entre dos conceptos sociales en la que la segunda, la visión antiautoritaria, es una alternativa a la primera que no deriva en dominio. No obstante, en el elemento natural, considerado como un sustrato de la personalidad humana, la tendencia a la agresividad convive con toda una serie de correctivos como la solidaridad, el apoyo mutuo, el sentido comunitario, etc. Dependerá de la sociedad el que se realice el equilibrio necesario y que la energía individual se exprese para el bien colectivo.

Compartimos la idea de que alejar de la sociedad al responsable de un delito es contraproducente, sobre todo si se encierra al individuo en espacios que limitan su libertad. Sin embargo, la reeducación de tipo libertario que se describe en el libro puede ser difícil de aceptar para quien ha sido víctima de violencia. ¿Qué opináis sobre esto? ¿Esta práctica podría tener como consecuencia tensiones sociales que conduzcan a la crisis y al desmembramiento de la comunidad que se intenta consolidar?

—Es un riesgo concreto. En el momento de afrontar un caso determinado no tendríamos que ocuparnos sólo del culpable de un delito, sino también de sus víctimas, que deberían ser ayudadas para educarse a la hora de gestionar su propio impulso de venganza, elaborar el luto o considerar que el equilibrio social tiene que prevalecer sobre el interés personal. Es lo que ocurre en algunos pueblos kurdos donde la justicia es administrada por ancianos y sabios y en caso de graves delitos está prevista una acción centrada en las familias de las víctimas. Estando a su lado se puede hablar largo rato hasta que las tensiones se aplaquen y se superen del todo.

—En el libro se hace referencia a las mujeres, por cierto, está dirigido a una joven, sin profundizar sobre su rol y su presencia en el desarrollo del ideal y de la práctica de la anarquía.

—Ciertos jóvenes, mujeres y hombres están convencidos de que, sólo por definirse como anarquistas eliminan la violencia patriarcal de su vida cotidiana.

En el presente el machismo continúa prevaleciendo en los espacios libertarios, impidiendo que se realicen las ideas emancipadoras, ya que éstas se han de expresar a partir de relaciones entre iguales. En realidad las pautas patriarcales siguen oprimiéndonos en la familia, en la pareja, a los niños y las niñas, en las asambleas libertarias.

La apropiación por parte de los hombres de la capacidad sexual y reproductiva de las mujeres ocurrió antes de la formación de la propiedad privada y de la sociedad de clases. Su uso como mercancía está, de hecho, en la base de la propiedad privada.

Ahora bien, desde el mismo inicio del ideal anarquista contamos con la presencia y la contribución de las mujeres, en cantidad y en calidad.

—¿Por qué no se introducen en las bibliografías generales sus textos de reflexión y de experiencia práctica? ¿Por qué formarse sobre la base de textos e ideas que son exclusivamente de hombres, apartando los escritos de las mujeres en la sección de anarcofeminismo? ¿No es esta una manera de reproducir el patriarcado y por lo tanto el dominio? ¿Cuándo van a entender los compañeros, intelectuales, trabajadores y combatientes, que a ellos, los varones, también les afecta y mucho? ¿Cuándo van a entender que si se renuncia al privilegio, a la violencia que eso conlleva, ese será el momento en que tendremos fuerza para luchar juntas?

—Ser o llamarse anarquistas no garantiza haber resuelto todas las contradicciones sociales que llevamos dentro, fruto de una educación autoritaria y machista. Yo creo que implica dotarse de los instrumentos teóricos, prácticos y críticos para empezar a superar esas contradicciones. La lucha de un anarquista no se dirige sólo a lo externo, contra la sociedad autoritaria, sino también al interior de uno mismo, contra la cultura autoritaria que nos impide ser mujeres y hombres libres aún cuando declaramos serlo.

En el movimiento anarquista del viejo continente, donde las sociedades están empapadas por la moral católica cristiana, no es raro encontrarse con actitudes machistas y patriarcales, aunque afortunadamente, en medida cada vez menor. Los movimientos más jóvenes de reciente constitución, en Europa y en otras áreas del planeta, parecen ser más inmunes a estas contradicciones del ser anárquico. Creo que la contribución de compañeras como Louise Michel o Emma Goldman, o de muchas otras militantes y pensadoras presentes en el movimiento anarquista desde siempre, ha sido fundamental, pero no suficiente, al desarrollo de una dimensión verdaderamente libertaria del movimiento y sus organizaciones.

No hay duda de que hace falta más esfuerzo para dar a conocer las elaboraciones y experiencias de las mujeres anarquistas con su rol trascendente en el desarrollo del pensamiento y de la misma historia del anarquismo. El anarcofeminismo quizás muestra cómo está destinado al fracaso aquel feminismo que no sea también sensible a la causa de la liberación social y de la ruptura de las relaciones jerárquicas en general, no solo entre el hombre y la mujer.

Algo similar ocurre con el comunismo libertario respecto al anarquismo. La contribución femenina al anarquismo es tan coherente con la práctica y la teoría anárquica que no necesita una especificación. Sin embargo, es tarea de compañeras y compañeros combatir cualquier forma de negación y contradicción, y no renunciar a la lucha para una efectiva inclusión de las prácticas e ideas de las mujeres.

—La propaganda y la educación son, en nuestra opinión, los campos de mayor control por parte de quien ejerce el dominio. La reflexión y la práctica anarquista los ha señalado desde el inicio como espacios imprescindibles para llegar a formas reales de emancipación. Sin embargo son marginales y casi desconocidas las experiencias, algunas de ellas muy exitosas, que se han realizado a lo largo del tiempo. ¿Podéis ayudarnos a entender por qué?

—La propaganda sigue siendo una de las principales actividades de los anarquistas en todo el mundo, aun cuando la proporción de sus recursos es infinitamente menor al compararlos con los del sistema. La educación representaba un fuerte compromiso cuando entre los proletarios reinaba el analfabetismo y la ignorancia. Con la escolarización, el interés por la pedagogía y la educación libertaria ha llegado a ser marginal; en parte se lleva a cabo en el mundo escolar oficial, público y estatal, en parte a través de experiencias externas. Esta marginalización de la educación libertaria se debe a la debilidad del movimiento, que en muchas ocasiones apenas sobrevive y por esto no puede afrontar compromisos de este tipo. Un movimiento fuerte siempre ha tenido la exigencia de construir, aquí y ahora, espacios de socialización libertaria (escuelas, gimnasios, tiendas, teatros), iniciando en ellos la obra de pedagogía anarquista necesaria para demostrar la validez y la viabilidad de su idea y de la lucha por el cambio social.

—¿Cómo y qué se puede hacer para llevar el ideal libertario a la práctica en la vida social del siglo XXI? Hay experiencias contemporáneas de las que se habla mucho. Estamos pensando en las comunidades libertarias kurdas. ¿Te parecen realizables, perdurables e innovadoras estas experiencias? ¿Qué parecido crees que tienen con otras comunidades anarquistas del pasado, por ejemplo las constituidas en tierras ibéricas en torno al 1936? ¿Existen prácticas comunitarias, modelos de anarquía, quizás desconocidos o invisibilizados, que hayan tenido lugar en periodos de paz y no en el contexto de una revolución social propiciada por una guerra?

—En Rojava, en Kurdistan, en las montañas al sur de Turquía y en el norte de Siria, se está realizando una profunda revolución social que busca conjugar las tradiciones comunitarias típicas del pueblo kurdo con una elaboración anti estatal fundada en el comunalismo, el ecologismo y la centralidad de la mujer en la sociedad. Aquí, cómo en Chiapas, se están produciendo modos de gestión social desde abajo en comunidades enteras que tienen muchas similitudes con las experiencias que los anarquistas intentaron llevar a cabo en el pasado. Como en el pasado se ven forzados a la guerra para defender sus conquistas sociales. Como innovación respecto a las experiencias anarquistas del pasado, hoy existe sin duda una mayor sensibilidad hacia la dimensión femenina y el medio ambiente. Es muy importante la existencia y el desarrollo de redes de solidaridad en todo el mundo en apoyo a estas revoluciones. En periodo de paz el anarquismo sólo ha realizado pequeños experimentos en pueblos, barrios de grandes ciudades o aldeas rurales; prácticas que no han conseguido expandirse como fuerzas de contradicción social: hay cooperativas, comunas, fábricas recuperadas, centros sociales, ateneos, formas de apoyo mutuo importantes que como mucho involucran a unos pocos centenares de personas cada una. Esto se debe, cómo decía, a la debilidad del movimiento en la fase actual. Creo que donde el movimiento es más fuerte allí debería plantearse crear prácticas de autogestión.

—¿Cómo se puede superar el «punto muerto» que se produce cuando la práctica asamblearia se transforma en asamblearismo? ¿Cómo no caer en el fácil error de intentar cambiar el sistema permaneciendo en él y aceptando sus reglas, por ejemplo participando en elecciones y referéndums? ¿Por qué no conseguimos que resalte, aun cuando es evidente, la inutilidad del ritual del voto, que resalte su condición de factor de perpetuación del dominio? Véanse los casos recientes en España e Italia. ¿No deberíamos, justo en tales momentos, estar en las calles, visibilizarnos en las comunidades, en los barrios pobres y degradados, entre los migrantes? Los compañeros de Cosenza, por ejemplo, han montado un escenario con una vieja furgoneta y se han ido por pueblos, barrios, fábricas y centros comerciales a explicar el valor de no votar si se quiere construir otra forma de vida en común.

—La asamblea es el eje principal en la práctica de autoorganización. A ella se asocia la acción individual y la afinidad personal, que no deben cancelarse, sino superponerse para encontrar la justa armonía. No creo que haya riesgo para los anarquistas de caer en el error de intentar cambiar el sistema a través del voto, existe demasiada distancia entre esto y la metodología y el análisis libertario de la democracia. El problema sin embargo es cómo hacer tentadora la alternativa al electoralismo dándole sustancia a la propuesta abstencionista. Es un hecho que a nivel mundial la gente vota cada vez menos, pero continúa delegando en los partidos, la Iglesia y la televisión su libertad de decisión. Un anarquismo social, o sea, no vanguardista ni elitista ni auto referencial, debería usar como palanca el malestar social y la desconfianza de las masas cada vez más numerosas hacia el sistema liberal capitalista, para promoverse como organizador de formas de lucha desde abajo, de reapropiación e insubordinación, que puedan representar una alternativa creíble al engaño electoralista.

—¿Cómo hacer que comprendan, sobre todo las nuevas generaciones, la importancia de la memoria histórica en la reflexión y la práctica anarquista? ¿Cómo evitar caer en errores por falta de conocimiento? ¿Cómo hacer de la memoria una fuerza de resistencia y de progreso proactivo para la humanidad? ¿Cómo evitar la tendencia a construirnos identidades falsas: basadas en una historia impuesta y manipulada?

—Hace falta, creo, emplear la memoria histórica como palanca para demostrar que siempre han existido hombres y mujeres que buscaron y siguen buscando cambiar, en sentido libertario, esta sociedad; que individuos y grupos sociales han hallado, en experiencias revolucionarias del pasado, contenidos aún válidos y a menudo más avanzados de los que hoy en día experimentamos. Esto no significa presentar la historia como un pasado momificado que no tiene en cuenta los cambios de la modernidad, sino que deben ser las pasiones y las ideas de aquellas personas lo que desvele la vitalidad de lo que han hecho. Es esto, por ejemplo, lo que hace tan viva la revolución española del 1936–39. Al mismo tiempo hay que mantener un ojo crítico hacia nuestra experiencia histórica, no tener miedo a que emerjan errores y horrores, porque la verdad hace crecer.

—¿Cómo recrear hogares, ambientes y un trabajo realmente anarquistas? ¿Cómo reconstruir una solidaridad y un apoyo mutuo en los espacios egoístas y solitarios de nuestras ciudades, pueblos, campos y lugares de trabajo? ¿Qué prácticas usar para superar el estrés de soñar con un mundo libertario mientras vivimos en una sociedad que nos relega al margen, obligándonos a aceptar la violencia y la represión?

—Este tema siempre ha removido a los anarquistas. No todos, para ser sinceros, se plantean construir espacios libertarios y liberados en las entrañas del sistema. Hay ciertos compañeros que sólo piensan en la acción revolucionaria como la única manera posible para realizar una práctica anarquista. Por el contrario, y cada vez más, también se plantea anticipar los valores y contenidos de la sociedad del mañana en las prácticas actuales. En un caso u otro, un anarquista experimenta la tensión de vivir en un sistema social que no comparte. Yo creo que en esta sociedad se pueden construir relaciones entre compañeros u otras personas y puede diluirse, no sólo la «tensión» libertaria que llevamos dentro, sino también realizarse una estrategia de resistencia y lucha cuyas etapas caracterizarán nuestra vida, nuestra capacidad de comprendernos y orientarnos y nuestra esencia anarquista, subversiva, libre.

Octubre de 2016

# Mochila económica

En un ejercicio de transparencia, hemos decidido exponer cuáles son los costes que hay detrás de la publicación de cada libro. Creemos totalmente necesaria la accesibilidad a la cultura y la necesidad de generarla desde posiciones críticas. Intentamos que los precios de nuestros libros no sean desorbitados pero que, a su vez, sean viables para sostener el proyecto. Esperamos que esto ayude a las lectoras a tomar conciencia de lo que supone hacer un libro.

El precio de venta de este libro se divide de la siguiente forma:

| | |
|---|---|
| Trabajo de impresión y post-impresión: | 2,11€ |
| Trabajo de edición: | 0,87€ |
| Recuperación de la inversión | 1,76€ |
| Externalizaciones: | 1,2€ |
| Trabajo de distribución: | 2€ |
| Librería u otras: | 3,6€ |
| IVA: | 0,46€ |
| | |
| PVP: | 12€ |

# Ecología del libro

Cada vez que se comparte un libro, el impacto ecológico de haberlo producido se divide entre dos. Si se comparte una segunda vez, esta división se multiplica, a su vez, por dos. Y así, hasta el infinito.

Por este motivo incluimos, en cada una de nuestras ediciones, una hoja de más para que se anoten las personas que han compartido el mismo libro.

| Nombre | Fecha | Lugar |
|--------|-------|-------|
|  |  |  |
|  |  |  |
|  |  |  |
|  |  |  |
|  |  |  |
|  |  |  |
|  |  |  |
|  |  |  |
|  |  |  |
|  |  |  |
|  |  |  |
|  |  |  |
|  |  |  |
|  |  |  |

Este libro se terminó de imprimir y encuadernar en los
talleres de Descontrol editorial & Impremta SCCL
en Can Batlló, Barcelona, enero del 2026.

Diez años han transcurrido des de la primera vez
que conocimos a Pippo y su obra.
Diez años de profundo agradecimiento a Pippo
por compartir sus pensamientos con nosotras.

Hay hombres que luchan un día
y son buenos.
Hay otros que luchan un año
y son mejores.
Hay quienes luchan muchos años
y son muy buenos.
Pero hay los que luchan toda la vida
esos son los imprescindibles.

Bertolt Brecht